Achtung Ahnen, ich komme!

Praxisbuch moderne Familienforschung

VERGANGENHEITS
VERLAG

Impressum

Bibliografische Informationen der Deutschen Nationalbibliothek
Die Deutsche Nationalbibliothek verzeichnet diese Publikation in der Deutschen Nationalbibliografie; detaillierte bibliografische Daten sind im Internet über http://dnb.d-nb.de abrufbar.

ISBN: 978-3-86408-001-2 (Print) //
978-3-86408-043-2 (epub) //
978-3-86408-044-9 (pdf)

Lektorat/ Korrektorat: Frank Petrasch;
redaktionelle Mitarbeit: Philipp Baur

Grafisches Gesamtkonzept, Titelgestaltung, Satz und Layout: Stefan Berndt – www.fototypo.de

Viktoria Urmersbach /
Alexander Schug

Achtung Ahnen, ich komme!

Praxisbuch moderne Familienforschung

VERGANGENHEITSVERLAG

Inhalt

Einleitung:

Was Sie schon immer über Ihre Familie wissen wollten, aber nie zu fragen wagten

Die Schichten unseres Lebens ruhen so dicht aufeinander, dass uns im Späteren immer Früheres begegnet, nicht als Abgetanes und Erledigtes, sondern gegenwärtig und lebendig. *(Bernhard Schlink)*[1]

Unsere Freundin Britta glaubt, von Attila dem Hunnenkönig abzustammen. Sie ist rothaarig und ihre Familie lebt seit vielen Generationen im Norden von Hamburg. Eltern, Großeltern und sogar noch ihre Urgroßmutter erzählten mit leuchtenden Augen davon, dass ihre besondere Nervenstärke und die robuste Gesundheit gewissermaßen über die Siegergene des Hunnenkönigs (der im Jahr 451 gestorben ist) bis heute ins 21. Jahrhundert weitergereicht wurden. Asiatische Gesichtszüge und besondere Sattelfestigkeit mögen über die Zeit verloren gegangen sein, nicht aber die Unbeugsamkeit dieser Sippe. »Ihr Heulsusen! Seid kernig wie die Hunnen – wie wir alle!«, herrscht Britta ihre Kinder bei kleinen Jammereien an. Nur: Die Hunnen kamen, so der heutige Forschungsstand, auf ihren Streifzügen nie nördlicher als Köln. Die Familie S. wohnte nie südlich der Elbe. Trotzdem lebt der Familienmythos auch noch in Britta weiter. So haben es ihre Vorfahren gesagt, so war es nie Wirklichkeit. Aber: Es wirkt!

Familiengeschichte fasziniert. Über die Familiengeschichte konstruieren wir unsere Identität, erfahren, wer wir sind. Über die erforschte Familiengeschichte können wir uns besser innerhalb der Gesellschaft verorten, wissen dann, wohin wir gehören. Feste Zugehörigkeiten und das Gefühl der Verwurzelung ist in Zeiten postmoderner Entgrenzung und Beschleunigung sowie steter Mobilität zwar kaum noch zu denken. Wir sehen unser Hobby aber gerade deshalb als Gegengewicht zum hektischen Alltag und der Geschwindigkeit der Gegenwart. Familiengeschichte zu erforschen und zu dokumentieren hat aber auch noch weitere Funktionen: Es kann sehr aufklärend und bildend sein, durch die eigene »bucklige Verwandtschaft« etwas über die Geschichte zu erfahren. Geschichte hat darüber hinaus für uns auch einen Unterhaltungswert. Wir sind der festen Meinung, dass es richtig ist, über die Vergangenheit zu lachen, das Komische und Anekdotische in ihr zu suchen – genauso wie man natürlich auch die traurigen Momente wahrnehmen muss. Insofern bietet Familiengeschichte in vielerlei Hinsicht Orientierung

– und wer weiß, vielleicht werden Sie ja am Ende noch dieses Hobby zum Beruf machen und als Genealoge arbeiten?! Familienforschung kann süchtig machen... Und Familiengeschichte ist auch immer eine Herausforderung für das detektivische Gespür, denn: Nicht immer sind die erzählten Familiengeschichten faktentreu, vielmehr werden Geschichten von Generation zu Generation weitergeben – man spielt »Stille Post« über Generationen. Was aus so einer narrativ übermittelten Geschichte wird, wissen wir: Märchen. Diese Märchen und Legenden können positiv sein und Sie stärken, sie können aber auch als geheimnisvolle Luftblase auf Ihnen und Ihrem Lebensweg lasten. Womöglich sind es jede Menge Fantastereien, denen Sie über die Jahre Glauben geschenkt haben. Sie haben das Gefühl, schon immer eine festgezurrte Rolle in der Familie gespielt zu haben, die gar nicht so sehr Ihrem eigenen Lebensgefühl entspricht? Sie spüren die Tabus, die ein bestimmtes Thema in Ihrer Familie heraufbeschwört?

Fangen Sie an, der »wahren« Familiengeschichte einmal auf den Grund zu gehen und auf die Botschaften Ihrer Ahnen zu horchen. Das kann unglaublich viel Spaß machen, zum Hobby werden, ein kreatives Gesellschaftsspiel sein. Familienforschung zu betreiben ist ein kommunikatives Hobby. Inspirierende Begegnungen und Reisen werden Sie bereichern. Sie werden neue Themen in der Familie haben, mit Freunden viel diskutieren können. Aus den Antworten, die Sie auf Ihre Fragen finden, wachsen neue Fragen und vor Ih-

rem inneren Auge nimmt eine immer länger werdende Ahnenfolge Gestalt an. Es kann aber auch schmerzlich werden, wenn man sich den Familiengeheimnissen nähert. Plötzlich ist da eine »heiße Kartoffel«, die von Generation zu Generation weiter gereicht wird und die Sie auf einmal in der Hand halten. Familienforschung zu betreiben heißt auch, bislang Unaussprechliches in Worte zu fassen, nachzuhaken, aufzudecken. Dies Buch will Ihnen dabei ein Ratgeber sein.

Wir wollen Sie zu dem Abenteuer einladen, Ihre Familie und Ahnen besser kennenzulernen. Ein großes Vorhaben ist das, zugegeben. Ein Vorhaben, für das Sie einen guten Plan brauchen. Aber keine Sorge: Wir zeigen Ihnen den Weg in die Geschichte Ihrer Familie. Dabei wollen wir Ihnen einen Ansatz vorstellen, den wir als besonders ertragreich ansehen: Unser Ansatz berührt viel mehr Aspekte, als sich »konventionell« arbeitende Genealogen vorstellen, die sich bis heute – und unserer Meinung nach fälschlicherweise – oftmals nur aufs reine Sammeln von Lebens- und Sterbedaten konzentrieren und ausschließlich nach Blutsverwandtschaften suchen. Die psychologische Seite der Forschungsarbeit innerhalb der eigenen Familie macht allerdings für uns einen ebenso wichtigen, wenn nicht sogar den entscheidenden Anteil bei der Familienforschung aus. Ihre Ahnen sind auch Ihre Vorgänger, prägen also ganz entscheidend Ihren Lebensweg mit – ob Sie wollen oder nicht. Bei den Naturvölkern in Australien und Afrika ist die Vorstellung, ja Verehrung, von den immer noch präsenten, wenn auch längst toten Verwandten eine absolute Selbstverständlichkeit. Man müsste nicht darauf hinweisen. Die Aborigines beispielsweise leben ganz konkret mit diesen Landschaften, Orten und Menschen, denen sie sich über die Geschichte ihrer Vorfahren verbunden fühlen und halten sie heilig. Verehrt und in alle offiziellen und familiären Riten, Entscheidungen und auch den Alltag eingebunden, spielen die Ahnen dort eine wichtigere Rolle, als wir es uns vorstellen können, auch wenn das Gespräch mit den Ahnen eine der christlichen Kultur nicht fremde Praxis war. So genannte Wiedergänger waren auch in Europa fester Bestandteil der Vorstellungswelten der Menschen. Die Ahnen blieben so in der Erinnerung der Lebenden verankert: Man betete für sie, spendete Almosen, wenn sie sich in schlechten Träumen zeigten und sie offenbar ihren Seelenfrieden noch nicht gefunden hatten. Dieser alltägliche Dialog mit den Ahnen ist jedoch verloren gegangen.[2] Unsere Memorialkultur hat sich grundlegend gewandelt.[3]

Wir aufgeklärten Europäer glauben heute daran, mit Bildung und Persönlichkeit unseren Lebensweg ganz autonom gehen zu können. Tatsächlich aber tragen auch wir ein emotionales Erbe mit uns. Denn unser Weg fängt dort an, wohin unsere Eltern, Großeltern und Urgroßeltern vorangegangen sind. Sie haben uns den Weg geebnet und in eine Erinnerungslandschaft geboren. Manchmal allerdings ist der Weg felsig. Aufgewachsen sind wir mit den Erwartungen der Eltern an uns und dem, was wir als Vorbilder erkannt haben. Es ist die Summe vieler Faktoren, die in Ihrer Vergangenheit liegen und Sie beeinflussen. Sei es nun die Macht Ihrer Gene oder aber die emotionale, psychische Erbsubstanz eines kollektiven Gedächtnisses, das Ihr Lebensgefühl prägt: Der Vergangenheit entkommen Sie nicht. Glücklich ist, wer wie der ursprünglich aus Dresden stammende Schauspieler Jan Josef Liefers in seiner Autobiografie sagen kann: »Ich glaube, dass ich von allen meinen Familienmitgliedern das Beste abbekommen habe.«[4]

Profis der Historikerzunft lieben Archive, Daten, Fakten. Wenn sie erfolgreich arbeiten, tragen sie eine lange Ahnenreihe der Familie, am besten bis ins Mittelalter, zusammen. Auch wir zeigen Ihnen, wie Sie mithilfe der genealogischen Methoden den Überblick behalten und systematisch in frühere Epochen vorstoßen. Geburts-, Heirats- und Sterbedaten bilden das Gerüst. Aber war das schon alles über Ihre Familie? Darüber hinaus wird es doch erst interessant. Was Berufsgenealogen aber gar nicht mögen, sind Spekulationen. Dabei sind die oft viel mächtiger als die Wahrheit. In diesem Buch werden wir der Realität so weit nachgehen wie möglich und uns auch durch Mutmaßungen und Imagination inspirieren lassen. Denn Familiengeschichte besteht nicht nur aus Daten und Fakten, sondern umfasst viel mehr. Sentimentale, amüsante, sinnliche und auch schmerzliche Erfahrungen gehören dazu, so wie sie zum Leben gehören. Auch der Tod ist Teil unseres Lebens. Vielleicht haben Sie einen Menschen verloren, mit dem Sie sich mehr Zeit gewünscht hätten und überlegen nun, wie Sie die

Erinnerung an den Verstorbenen wach halten können. Es gibt viele Möglichkeiten, die über die Grabpflege hinausgehen. Wir möchten Ihnen mit diesem Buch also auch eine neue Art von Erinnerungsarbeit vorstellen.

Vielleicht macht es Sie traurig, an Ihr Ende zu denken. Wenn es Sie bedrückt, dass Ihre Lieben dann ohne Sie leben müssen, können Sie etwas hinterlassen, das mehr ist als ein Gedenken Ihrer Person. Weiterleben in Form von einer Art Ahnen-Fortsetzungsgeschichte – dazu wollen wir Sie ebenso anleiten.

Keine Angst vor den Ahnen: Im Mittelalter wurden die verstorbenen Vorgänger gepfählt, um sie unschädlich zu machen. Denn Leichname würden sonst ihr Unwesen unter den Lebenden treiben und mit Vorliebe in der Nacht Schrecken verbreiten – glaubte man damals. Mit Steinen beschwert oder gefesselt sollten sie so entmachtet werden und ihre Schatten nicht mehr so weit in die Zukunft werfen. Schrecklich! Aber so müssen Sie mit Ihren Ahnen nicht verfahren. Wir haben die Idee, dass Sie Ihre Vorfahren zum Kaffeeklatsch laden – die Lebenden und auch die Toten. Nehmen Sie Letztere als natürlichen Teil Ihrer Existenz wahr. Lachen Sie Ihre Ahnen an und winken Sie zuweilen in die Vergangenheit. Von den Lebenden werden Sie über die Toten Dinge hören, die Ihnen lieber unbekannt geblieben wären. Verwandte werden Sie fragen, warum Sie in der Vergangenheit graben und in fröhlichen wie traurigen Kapiteln der Familiengeschichte wühlen. Jeder Therapeut kann Ihnen sagen, was viele Menschen mit Herzensbildung wissen: Wie gut das Darüber-Reden tut.

Jede Generation muss sich die Geschichte der Vorgänger neu erschließen und dabei neu formen, an ihre eigenen Fragen und ihre Lebenssituation anpassen. Sie werden erleben, wie Eltern und Großeltern im Gespräch Ihren Erwartungen gerecht werden wollen und die Vergangenheit immer wieder anders schildern, wenn beispielsweise die Enkel sie danach fragen. Seien Sie gewiss: Langweilig wird Familienforschung nicht. Denn Forscher wie Harald Welzer, die sich mit dem Familiengedächtnis beschäftigen, finden in den meisten Gesprächen über Vorfahren abenteuerliche Helden- oder Opfergeschichten.

Helden und Hugenotten, so in etwa sind die Vorstellungen vieler Menschen über ihre Ahnen. Entweder waren es mutige Widerstandskämpfer, die sich gegen die Machthaber gestellt haben, oder aber aufrichtige gute Menschen, die z. B. von den bösen Nazis verfolgt wurden. Die wenigsten Zeitgenossen damals waren tatsächlich so. Das heißt nicht, es würden nur Lügengeschichten erzählt. Es zeigt aber, dass die historische Wahrheit manchmal Interpretationssache ist. So können die Nachfahren am besten damit umgehen, dass sie oft von »ganz normalen Nazis« abstammen, wie eben der Großteil der Deutschen. Wir leiten Sie an, den Wahrheitsgehalt der Erzählungen nicht pauschal anzuzweifeln oder aufzugeben, sondern als eine »datengestützte Erfindung« zu betrachten und für Ihre Erforschungen zu nutzen. Wie Sie in solchen Situationen selbst einfühlsam, ehrlich, kreativ und reflektiert mit den Vergangenheitsentwürfen Ihrer Verwandten umgehen, ist ein wichtiges Thema unserer Überlegungen. Spannend ist es ja vor allem zu erklären, weshalb bestimmte Interpretationen oder Heldenepen in die Familiengeschichte hineingeflochten werden. Oftmals sind Familiengeschichten selbst zugedachte Kompensationen des Erlebten. Viele bekommen so die Familiengeschichte, die sie gerade so ertragen können.

Wenn man so über die Jahrhunderte schaut und liest, was Menschen über ihre Vorfahren gedacht und geschrieben haben, war das oft von Ehrfurcht und Begeisterung für die Leistungen der Altvorderen geprägt. Das damals ganz normale, zugegeben oft mühevolle Leben flößt uns Respekt ein, voller Mitgefühl informieren wir uns über Alltagsbedingungen. Und exotisch finden wir das auch. Die ersten Italienreisen im Opel Senator und die verwackelten, gelbstichigen Bilder dieser Generation rühren uns. Die Aufregung um die Pille halten wir für kaum mehr nachvollziehbar. Unseren eigenen Alltag beurteilen wir als weniger spannend und mit unseren Nachfahren, unseren Kindern nämlich, sind wir noch weniger einfühlsam. Typisch ist die Klage über Bildungsverfall, mangelnde Leistung, fehlendes Verantwortungsbewusstsein. Alles Meckereien, die Sie in Ihrer Jugend vielleicht als »langhaariger Gammler der 68er-Generation« gehört haben, vielleicht als Vertreter der »Null-Bock-Generation«. Wann auch immer ein neuer Trend unter jungen Erwachsenen sichtbar wird, sind die Älteren davon nicht begeistert und beschwören den Niedergang des Abendlandes.

Aber: Jede Generation hat ihre eigenen Herausforderungen. Wir wollen Sie durch unsere Reflexionen deshalb dazu anregen, den Generationen (und sich) mehr Gerechtigkeit zukommen zu lassen. Das ist etwas anderes als Ehrfurcht. Es ist der Versuch, vergangene Zeiten und die damit zusammenhängenden Chancen und Nöte zu verstehen. Familienforschung braucht Empathie.

Und moderne Familienforschung ist auch auf die Zukunft gerichtet: Weil Ihre Ur-Ur-Ur-Urenkel wiederum ganz neue Fragen an Sie stellen werden, wollen wir in diesem Buch den Blick dafür schärfen, dass es eine sinnvolle, zuweilen lustige Aufgabe sein könnte, den Nachkommen Botschaften zu hinterlassen. Flaschenpost für die Ahnen: Sehen Sie die flüchtige Gegenwart auch als Teil Ihrer Familiengeschichte. Bringen Sie Ihrem Alltag Wertschätzung entgegen und dokumentieren Sie ihn für Ihre Nachfahren! Was Ihnen heute banal und langweilig vorkommt, ist in ein paar Jahrzehnten oft schon völlig vergessen, vielleicht exotisch, zumindest skurril. Was Sie nicht festhalten, werden Sie schnell vergessen. Die Erinnerung nämlich muss gepflegt werden, sonst verschwindet sie. Nur was wir wiederholt formulieren, erzählen, das memorieren wir auch später noch. Im Mittelalter übte man sich in der Kunst des Gedächtnisses, nannte es »ars memorativa« und schulte so das Gehirn, sowohl die bildlich-imaginative als auch die verbal-textliche Erinnerung. Schließlich war es unmöglich, »externe Gedächtnisspeicher« wie Tagebücher, Fotos oder Filme mit dem eigenen Leben zu füllen.[5] Während wir heute unser eigenes Gedächtnis mit Hilfsmitteln entlasten, beschäftigten sich Denker wie Aristoteles, Cicero, Augustinus, Alkuin, Albertus Magnus oder Thomas von Aquin mit der Frage, wie sie ihre Gedächtnisleistung stimulieren und stabilisieren konnten.[6] Beim Essen, so hielten es die Mönche im Kloster, konnte man am besten einer Lesung lauschen, in Meditation versinken und sich den Inhalt gewissermaßen einverleiben. Sinnliche Erfahrungen und körperliche Bezüge sollten helfen, die geistigen Substrate im Menschen zu verankern. Aber es kommt auch darauf an, das verankerte eigene Wissen weiter zu geben, so dass später Geborene sich in 100 Jahren einmal ein Bild von Ihnen und Ihrer Zeit machen können.

Vom täglichen Frühstück über die Lieblingsschauspieler bis zu Ihren ganz persönlichen Einstellungen zur Politik oder emotionalen Angelegenheiten – das Aufschreiben lohnt sich! Manche Zeitgenossen schreiben Tagebuch für sich und ihre Psyche. Schreiben Sie für die Nachwelt, damit die Familie und alle,

Lesetipp:

Falls Sie begleitend zum Einstieg noch literarische Inspirationen suchen, empfehlen wir – sozusagen als Reiselektüre – folgende Bücher:

Christina von Braun, Stille Post.
Eine andere Familiengeschichte, Berlin 2008.

Monika Maron, Pawels Briefe.
Eine Familiengeschichte, 5. Aufl., Frankfurt/M. 2001.

Uwe Timm, Am Beispiel meines Bruders,
München 2005.

die Sie dazu zählen, Ihr Leben lustvoll und sinnlich im Strom der Zeit erfahren können. Sie haben keine Familie, oder aber Ihre Kinder interessieren sich nicht dafür? Stadtarchive freuen sich sehr über persönliche Nachlässe, über aufgeschriebene Erinnerungen, Fotos, Drumherum. Denn genau dieser Alltag fehlt im Archiv. »Essen, Trinken, Schlafen, Sex – das fehlt hier im Bestand, und zwar über die Jahrhunderte«, klagt Dr. Klaus-Joachim Lorenzen-Schmidt, Oberarchivrat am Hamburger Staatsarchiv. Je persönlicher und auch kleinteiliger die Aufzeichnungen sind, desto besser für das Archiv und die Nachgeborenen. Wir zeigen Ihnen in praktischen Schritten, wie Sie ein Buch oder einen Film produzieren können. Wir glauben fest daran, dass jeder eine lesenswerte Geschichte hat. Wir sind, was wir erinnern, wie wir erinnert werden und woran andere sich mit uns erinnern, die auch Teil unserer Erinnerungslandschaft sind.

Viktoria Urmersbach & Alexander Schug

1. Kapitel:

Zum Warmlaufen, oder: Notizen über Familie, Geschichte und biografische Figuren

Jede Familie ist einzigartig. Andererseits gibt es auch Gemeinsamkeiten, Muster und archetypische Persönlichkeiten. »Alle glücklichen Familien sind einander ähnlich; jede unglückliche Familie jedoch ist auf ihre besondere Weise unglücklich.« – so lautet der Romanfang von Anna Karenina, so beobachtete es Lew Tolstoi im Russland des 19. Jahrhunderts. Familiengeschichte zu betreiben und Kontakt zu den Ahnen aufzunehmen, bedeutet, sich mit den Mustern der Vergangenheit auseinanderzusetzen. In Familien werden oftmals immer wieder die gleichen Rollen besetzt, grundlegende Gefühle von Glück oder Leid, von Außenseitertum oder Erfolg werden über die Generationen geradezu vererbt. Natürlich werden solche Rollen ganz stark durch soziale und wirtschaftliche Verhältnisse mitgeprägt. Wenn

eine Familie Geld hatte, ist es relativ erwartbar, dass die Nachkommen es im Leben zumindest in Bezug auf Ausbildung und Beruf einfacher haben werden. Diese Konstellationen sind vielfach untersucht worden: Die Reichen rekrutieren und verheiraten sich immer wieder aus den gleichen Milieus, die Eliten sind mehr oder weniger abgeschlossen, ebenso wie Arbeitslosigkeit und Sozialhilfe über Generationen vererbt werden können. Der Sozialstatus hat Auswirkungen auf Glücksempfinden und das Gefühl, »richtig« zu sein. Aber darüber hinaus gibt es noch mehr, was bei der Familienforschung eine Rolle spielt.

Was also sind die prägenden Faktoren für Familienkonstellationen, wodurch entsteht Kontinuität und das Gefühl einer Familientradition? Macht und Liebe – beides kann großen Einfluss auf eine Familie ausüben. Gerade die materiellen Gegebenheiten – Besitztümer und Erbansprüche – sind in der Geschichte jeder Familie ein wichtiges Element für Konflikte. Und Konflikte und damit negative Emotionen machen einen großen Teil von Familiengeschichten aus. Gefühle allerdings sind für Historiker ein schwieriges Terrain: Von Person zu Person wird schon so unterschiedlich empfunden und dann müssen noch zeitspezifische Gefühlsprägungen berücksichtigt werden, so dass deren Analyse von der Geschichtswissenschaft als zu wenig akademisch gemieden und vernachlässigt worden ist. Aber: Sprechen wir trotzdem darüber! Denn auch Sie als Nachfahren werden bei Ihren Recherchen mit Gefühlen konfrontiert, die Ihnen fremd sind. Sowohl Gefühle der Vorfahren, von denen Sie erzählt bekommen, oder die Sie sich erschließen wollen, als auch Gefühle, die in Ihnen selbst plötzlich hochkommen. Denn fast jede Familiengeschichte bietet auch befremdliche, schräge oder einfach nur unverständliche »Typen«, mit denen Sie biografisch existenziell verbunden sind.

Nehmen Sie diese Gedanken einmal als Anlass, um einen ersten Schritt zu Ihren eigenen Familienforschungen zu machen. Stürzen Sie also nicht gleich drauf los. Es ist immer wichtig, eigene Forschungsfragen zu haben, um darauf aufbauend Suchstrategien und Ziele zu definieren. Zu Beginn steht deshalb für uns das Nachdenken über die eigene Familie, offensichtliche Traditionen, und vor allem auch die Rollen, die die einzelnen Familienmitglieder spielen. Also führen wir uns zunächst einmal einen Reigen von typischen Figuren aus Familiengeschichten vor Augen. Die biografischen Figuren, die wir hier vorstellen, haben zum Zweck, dass wir Ihnen vorstellen wollen, in welchen Dimensionen sich Ihr Verhältnis zur Vergangenheit und den Ahnen abspielt. Gleichzeitig sind diese biografischen Figuren bereits eine Stütze, um Familiengeschichte zu deuten und zu erzählen. Entziffern Sie die Rollenspiele in Ihrer Familie!

Der Patriarch, das Geld und die Macht

Denken Sie nicht an einen sizilianischen Paten. Dreh- und Angelpunkt vieler Familiengeschichten ist (fast) immer schon der älteste Mann – der Patriarch. Hier geht es um die Macht: Der Älteste hat das Erbe zu verteilen. In ländlichen Gegenden, das trifft also in vergangenen Jahrhunderten auf die Mehrzahl der Menschen zu, wurden Land, Hof und alles andere innerhalb der Familie vom Vater auf den erstgeborenen Sohn vererbt. Patrilinear nennt man das. Dieses Erbrecht war in Deutschland auf vielen Höfen Norddeutschlands gebräuchlich, um sicherzustellen, dass der Hof groß genug und damit überlebensfähig blieb. Andererseits war das Erbrecht lange Zeit lokal geregelt, d. h. es konnte je nach Kirchspiel oder Gut unterschiedlich gehandhabt werden. Jede kleine Ortschaft konnte einen Mikrokosmos mit ganz eigenen Erbregeln bilden.

Töchter wurden oft mit einer Aussteuer abgefunden und damit für die Ehe ausgerüstet. Die jüngeren Söhne mussten ausgezahlt werden und sich einen neuen Beruf suchen. Nur manchmal wurden Bauernhöfe geteilt und das Erbe somit auf mehrere Söhne verteilt. Das materielle Erbe ist in vielen Familien Auslöser von Konflikten, und sicher gibt es auch in Ihrer Familie zerstrittene Flügel, ausgelöst durch einen Erbstreit. Damit befinden Sie sich in guter Gesellschaft. Denken Sie nur an die Familie von Bismarck und ihre zwei rivalisierenden Brüder Carl Eduard und Gregor. Seit dem 15. Jahrhundert besitzt die Familie einen riesigen Wald, heute 70 Quadratkilometer groß, und ein stattliches Anwesen östlich von Hamburg. Fürst Ferdinand von Bismarck, über 80 Jahre alt, und seine Frau Gemahlin, Fürstin Elisabeth, seien sich nicht ganz einig über die Erbfolge, so las man in der Presse. Der Erstgeborene Carl Eduard sei in den Augen des Patriarchen Fürst Ferdinand der natürliche Nachfolger, der jüngere, Gregor, in den Augen der Fürstin allerdings der Geeignetere. Bis zum SEK-Einsatz kam es schon bei den Rangeleien um den Wald. Ur-Ur-Opa Otto, erster deutscher Reichskanzler, dreht sich im Grabe um!

Neben einem Streit um materielle Güter kann auch die Frage der richtigen künstlerischen Gesinnung Anlass für Bruderzwist um das moralische Erbe sein. So zankten sich Thomas und Heinrich Mann in feinster Intellektuellenart darum, wer das Erbe der Weltgeschichte als Literat besser ausdrücke. Heinrich forderte direkt nach Ausbruch des Ersten Weltkrieges, der Romancier müsse »das rhythmische Wogen der modernen Demokratie« in sich walten lassen: »Hinauf Menschen! Heraus aus eurem Schmutz, den ich nachmale… hinauf mit mir, arbeitend ich und ihr!« Wer da nicht künstlerisch-politisch aktiv sei, schade der Gesellschaft wie ein Parasit. Thomas Mann fühlte sich davon zu Unrecht angegriffen und schrieb am 3. Januar 1918 ein paar letzte böse Zeilen: »Mögest Du und mögen die Deinen mich einen Schmarotzer nennen. Die Wahrheit, meine Wahrheit ist, daß ich keiner bin.«[7] Konkurrenz und Entfremdung herrschte, jahrelange Funkstille, die die gesamte Familie belastete und erst 1922 im Angesicht einer schweren Krankheit Heinrich Manns beendet wurde.

Auch wenn es in Ihrer Familie nicht um gigantische Forstbetriebe, kleine Schlösser oder Zivilisationskritik geht, die Frage nach der gerechten Verteilung von Geld und Gut ist von großer Relevanz in jeder Sippe. Jede Generation muss sich wieder damit auseinander setzen. Zweieinhalb Billionen Euro sind in Deutschland in den vergangenen zehn Jahren vererbt worden – genug Geld für viele, viele hässliche Streitigkeiten, die auch schon vor dem eigentlichen Erbfall beginnen können. Der Erblasser hat mit dem Vermögen jede Menge Macht über seine Nachfahren, kann den Kurs des Unternehmens steuern und die Lebenswege seiner Kinder über Jahrzehnte lenken. Ohne sein Einwilligen ändert sich nichts. So war es auch beim Wagner-Clan, der bis 2008 von dem schon fast 90-jährigen Wolfgang Wagner dominiert wurde. Noch als Greis, nach einem halben Jahrhundert im Dienste des Gedenkens an seinen Großvater Richard Wagner, ließ er sich keine Entscheidung auf dem Grünen Hügel in Bayreuth abnehmen und machte seinen designierten Nachfolgerinnen, seinen Töchtern Katharina Wagner und Eva Wagner-Pasquier, das Leben schwer. Jahrelang dauerte das Ringen um die Nachfolge und viele Familienmitglieder kämpften darum, das Erbe des großen Komponisten Richard Wagner auch in der dritten und vierten Generation in Ehren zu halten.

Darüber hinaus spielt der Patriarch auch eine wichtige Rolle als moralische Instanz. Vor seinen hohen Ansprüchen gilt es als Sohn und Tochter und als Enkel und Enkelin zu bestehen. Die biografische Figur des Patriarchen zeigt aber auch: Im kollektiven Gedächtnis der Gesellschaft, oft auch im Familiengedächtnis, haben Männer und Frauen sehr unterschiedliche Rollen.

Gibt es auch bei Ihnen Urväter oder Mütter, die solche Rollen ausgefüllt haben? Wie war das Verhältnis dieser Menschen zu ihren Kindern? Was hat sich an Wissen über den Patriarchen oder die Matriarchin bis zu Ihnen durchgesetzt? Welche Eigenschaften leitet man in Familiengesprächen von diesen Personen ab?

Blutsbrüder und verschwundene Frauen

Wenn Sie an Vorfahren und Verwandtschaftsverhältnisse denken, dann muss man sich heute auch fragen, wie die modernen Patchworkfamilien in die Familienforschung eingebunden werden können. Ebenso ist es übrigens an der Zeit, den Glauben aufzubrechen, dass Familien nur über Stammväter verfügen und die männlichen Vorfahren das Konstrukt Familie aufrechterhalten. Weil Frauen die höhere Lebenserwartung als Männer haben, ist es manchmal schließlich eine Matriarchin, die das Sagen hat. Eine typische Matriarchin kämpfte im Fernsehen heroisch um das Ansehen ihrer Familie: Herta Gräfin von Guldenburg, verkörpert von Brigitte Horney, war so eine Frauenfigur, die über zwei Staffeln in der vor Jahren erfolgreichen ZDF-Serie versuchte, den Niedergang der Familie und ihrer Privatbrauerei zu verhindern. Marge Simpson stellte in der Comicserie »Die Simpsons« einen anderen Urtyp von Frau dar, der die Männer der Familie mit Humor gut zu dirigieren weiß. Unsere Meinung ist ganz klar: Schluss mit dieser altmodischen und vielfach sehr fragwürdigen Blut-und-Boden-Ideologie. Und: Her mit den Frauen! Ja, genetisch kann man eine Familie als Reproduktionsgemeinschaft sehen, aber: Neben den Eiweißverbindungen gibt es auch eine soziale Familienschaft. Der zweite Mann der Großmutter kann für einen Enkel wesentlich bestimmender in seinem Leben gewesen sein als der leibliche Großvater, der schon früh verstarb und den der Enkel nie gesehen hat. Der leibliche Großvater tauchte nie in Erzählungen auf, er konnte als Vorbild und Referenz für den Enkel nie genutzt werden. In solchen Konstellationen kommt die soziale Familienschaft zum Tragen. Auch wenn Sie nur Genealogie-Bücher finden werden, die Ihnen die strenge Lehre der Blutsverwandtschaft vermitteln, möchten wir Sie ermuntern, sich darüber hinwegzusetzen. Integrieren Sie die Menschen, Blutsverwandtschaft hin oder her, die für Sie oder Menschen in den Generationen vor Ihnen eine Rolle gespielt haben. Sampeln Sie sozusagen sowohl die biologische als auch soziale Familienschaft.

Und: Wir sind keine Emanzen, aber was Sie als Zweites ignorieren sollten ist, dass es in der konventionellen Familienforschung immer nur um die Männer als konstituierende Elemente von Familie geht. Sie müssen sich dieser Sichtweise zwar vielfach unterwerfen. So zum Beispiel, wenn Sie alte Ahnenlisten finden und sehen, dass immer nur die Stammväter, die männlichen Linien, erfasst worden sind. Die Frauen verschwinden, nehmen die Namen der Männer an, und wurden in der Geschichte insgesamt als eher unwichtig angesehen. Sie wissen vielleicht aus Ihrer eigenen Familie, dass eine solche Weltsicht und Gewichtung der Geschlechter kaum zutreffend ist. Es gibt Familien, da haben die Frauen das Sagen (Stichwort Matriarchin), oder sind selbst dann die emotional dominanteren Vorfahren, wenn sie auch aufgrund ihres öffentlichen Sozialstatus kaum in Erscheinung traten. Für Sie heißt das heute: Lassen Sie sich nicht von der überalterten Herangehensweise leiten, den Stammvätern alleine eine Vererbungsfähigkeit zuzuschreiben. Es bleibt Ihnen überlassen, Ihre Forschungsfragen und Ihr Erkenntnisinteresse auf die Männer oder die Frauen unter Ihren biologischen oder sozialen Vorfahren zu beziehen. Wir finden, dass dieses herkömmliche »Generationenabklappern« sich überholt hat. Entscheiden Sie selbst, wohin Sie Ihre Taschenlampe richten und welchen Bereich der Vergangenheit Sie erhellen wollen. Wenn Sie zum Beispiel meinen, dass die Frauen in Ihrer Familie immer alles zusammengehalten haben, vor allem in Kriegszeiten oder danach, als die Männer starben, in Kriegsgefangenschaft kamen und gebrochen heimkehrten, dann bildet eben das den roten Faden für Ihre Familiengeschichte.

Welche Rolle spielen Frauen und Männer generell in Ihrer Familiengeschichte? Ist eine Familiengeschichtsschreibung in Ihrem Fall nur über die männlichen Vorfahren sinnvoll? Welche sozialen Verwandten waren für Sie prägend und müssten in Ihrer Familiengeschichte eine Rolle spielen?

Märtyrerinnen oder Mannweiber – über typische Frauenrollen

Ja, die Rolle der Frauen hat sich in den vergangenen Jahrhunderten stark verändert. Aber vieles ist auch noch wie eh und je: Es sind die Frauen, die die Kinder bekommen und meist sind es auch sie, die jahrelang für ihr Wohl sorgen und nebenbei ihrem Gatten den Rücken freihalten. Weder in Hinsicht auf politischen und gesellschaftlichen Einfluss noch in Bezug auf die Gehaltsklasse sind Frauen und Männer gleichberechtigt. Sie müssen sich also eher wundern, sollten Sie in Ihrer Familie Frauen finden, die Unternehmerinnen, Ärztinnen oder Bürgermeisterinnen waren. Ausnahmen bestätigen nur die Regel, dass Frauen nicht dieselben Chancen hatten wie Männer. Lange Zeit konnte man die Frauenrollen mit den drei berühmten K's beschreiben: Küche, Kinder, Kirche. Innerhalb dieses Dreiecks befand sich der weibliche Kosmos. Anstandslos zogen sich die Frauen bescheiden darin zurück. Sollten Sie dennoch eine Frauenfigur in Ihrer Familiengeschichte treffen, die davon abweichend Expeditionen nach Afrika machte, mehrere Liebhaber hatte, Fußball spielte, studierte, rauchte etc. – dann haben Sie nicht nur eine interessante Begegnung, sondern sofort eine wunderbare Story für Ihre Familiengeschichte.

Märtyrer(innen) sind aber typischerweise nicht nur weiblich, das sei auch noch betont. Auch Männer tauchen immer wieder gerne in dieser Rolle auf, wenn sie sich totschuften, weil sie alles für die Familie geben. Märtyrer gab es auch in den Zeiten, als sich ganze Generationen von Männern für »Gott und Vaterland« im Krieg opferten und darin ihre Erfüllung sahen. Verbunden sind mit diesen biografischen Rollen oft aber auch problematische Konstellationen. Hinter dem Märtyrertum kann tiefe Enttäuschung über das eigene Leben stecken und das Gefühl, dass man selbst nicht mehr glücklich werden wird – deshalb opfert man alles für die Kinder oder Enkel, investiert endlos Zeit und Geld in ihre Ausbildung oder in das Familienunternehmen. Schnell kann daraus aber auch eine Erpressung werden: Märtyrer erpressen sich manchmal mit ihrer Selbstaufopferung Aufmerksamkeit und Dankbarkeit. Und hier fängt dann an, was zu heimlichem Groll, passiver Aggressivität und zu Verwerfungen zwischen den Generationen führt. Die Bringschuld, die die Alten mit all ihrem Opfertum von den Jüngeren einfordern, kann von denen gar nicht eingelöst werden. Dann wird das Kind zum Beispiel zum undankbaren Filou, der die Aufopferung der Eltern nicht wertschätzt – in ihren Augen ist es nie genug, was zurückkommt. Und ist der Filou selbst Vater, erwartet er von seinen eigenen Kindern vielleicht wieder mehr, als er selbst seinen Eltern geben konnte. Eine Art von intergenerationeller »Familienbuchführung« wirkt dann über Jahrhunderte.[8]

Gucken Sie genau hin, wie sich bestimmte Rollen auf das Leben Ihrer Vorfahren ausgewirkt haben – und fragen Sie sich auch, was davon vererbt wurde. Vielleicht geht es Ihnen ja auch immer noch so, dass Sie das Gefühl haben, gar nicht wirklich zu leben, sondern sich immer nur für andere aufzuopfern? War Ihre eigene Mutter auch eine dieser typischen Märtyrerinnen? Welche Rolle spielten grundlegende Zufriedenheit oder Unzufriedenheit über das Leben in Ihrer Familie?

Das Leben der Anderen: Auswanderer und Außenseiter

Zwischen 1890 und 1920 emigrierten 30 Millionen Menschen aus Europa nach Amerika. Allein im Hamburger Hafen bestiegen fünf Millionen Menschen Schiffe, um ihre Heimat zu verlassen. Weil diese Angehörigen bei Gesprächen über die Familie oft einfach ausgelassen wurden, ist die Überraschung manchmal groß, wenn Verwandte in den USA entdeckt werden. WDR-Moderatorin Bettina Böttinger fand bei den Recherchen über ihre Familie heraus, dass ein Ur-Onkel seine Frau und Kinder zurückgelassen hatte, um ins Ausland zu gehen und dort sein Glück zu suchen. Seine Nachfahren hatten aus Enttäuschung über sein Schicksal geschwiegen, Bettina Böttinger lüftete das Geheimnis.

Solche Schiffsreisen nach Amerika sind vergleichsweise gut dokumentiert. Auswandererlisten liegen beispielsweise im Hamburger Staatsarchiv.[9] Auf der Webseite der Mormonen finden Sie auch Daten zu Neu-Amerikanern, die bei ihrer Einreise registriert wurden.[10]

Und dann gibt es noch die Angehörigen, die sich innerhalb des Landes entfernt und entfremdet haben.

Sei es, weil sie in der Erbfolge auf aussichtslosem Posten standen, sei es, weil ihre beruflichen oder sexuellen Neigungen sie zum schwarzen Schaf machten. Männer und Frauen, die ins Kloster gingen, verließen den Schoß der Familie meist für immer. Das Leben in der Glaubensgemeinschaft ersetzte dann das Familienleben.

Während des Nationalsozialismus verließen viele Verfolgte Deutschland: Heinrich und Thomas Mann, Albert Einstein und Marlene Dietrich, Theodor W. Adorno, Anna Seghers und Ernst Bloch gehörten zu den vom Größenwahn der Nazis Bedrohten, denen die Flucht gelang. Aus heutiger Sicht gehören sie zu den Weitsichtigen, die immerhin ihr Leben retteten und denen zum Teil sogar im Ausland eine Karriere gelang. Andererseits bedeutete die Emigration immer auch, von der angestammten Basis fort zu gehen und damit stets einen Bruch in der Biografie hinzunehmen. Menschen, die das erlebten, ließen immer einen Teil von sich und ihrer Vergangenheit zurück. Als biografische Figur ist das sehr spannend: Im Bruch liegt schließlich die Möglichkeit zur Erneuerung und zum Abschließen mit alten, vielleicht auch schlechten Traditionen. Das Weggehen hat immer etwas mit dem Überlebenwollen zu tun. Dahinter verbirgt sich eine enorme Lebenskraft und großer Gestaltungswille, wenn das Weggehen eigenmächtig ausgeführt werden konnte. Damit wird die persönliche Souveränität unter Beweis gestellt. Umgekehrt kann es aber auch von den Wurzeln abschneiden und zur Verkümmerung führen, nämlich dann, wenn das Weggehen als erlittenes Schicksal und nicht als eigenständiges, gewolltes Abenteuer gedeutet wird. Die Linearität der Normalbiografie wird dann beendet. Das kann zu tragischen Verwerfungen führen, wenn sich jemand nicht mehr als Teil seiner Familie vorkommt, sich ungeliebt fühlt, in die Einsamkeit wegrennt, um seinen Schmerz zu betrauern.

Viele Menschen – und sicherlich auch der Großteil Ihrer Vorfahren – interpretiert eine erfolgreiche Lebensführung auf Basis eines linearen Lebensplans: Es geht immer weiter, das eine ergibt sich aus dem anderen. Ein solcher Lebensplan sieht keine Brüche und Eskapaden vor. Alles Abweichende wird dann als Unglück gesehen. Interessant sind aber Muster, wo Vorfahren genau von dieser Norm abweichen. Auch daraus entstehen dann Familienmythen: So zum Beispiel der Mythos einer Familie, deren Mitglieder angeblich schon immer große Abenteurer und Seefahrer waren. Brüche in der Biografie werden dann zur Normalität, können positiv gedeutet werden – und ein Pathos entwickeln, dass nachfolgende Generationen positiv infiziert und zu einem stolzen Selbstbild beiträgt.

Die Ausreißer und Abenteurer, werden sie in einer Familiengeschichte hochgehalten, bedienen vielfach aber auch nur tief verwurzelte Ängste, Ängste vor sozialem Ausschluss, aber auch die Lust auf das Fremde, die große Freiheit und das Durchbrechen von Konventionen. Selbst wenn solche protobiografischen Erfahrungen nicht gemacht wurden, sind sie offensichtlich für manche so attraktiv, dass sie erfunden werden (das Erfinden von Traditionen ist eine der Lieblingsbeschäftigungen unserer Ahnen offensichtlich gewesen). Ein Bekannter erzählte uns, dass sein Vater ihm als Kind immer wieder Geschichten über die Vorfahren im Alten Ägypten erzählt habe, als der Ur-Ur-Ur-Ur-Ur…-Opa noch Sklaventreiber war und die schönen Pyramiden für die Pharaonen baute. Daraus entwickelte sich ein wirkungsmächtiger Mythos. Die Ferne, die Sonne, der Sand, das Auswandern wurden positiver Bestandteil der imaginären, aber lange geglaubten exotischen Familiengeschichte.

Auch wer versucht, als Teil der Familie zu leben, kann zum Außenseiter werden. Kaiser Wilhelm II. ist ein berühmtes Beispiel für ein klassisches Außenseiterschicksal. Von Geburt an konnte er schon körperlich nicht vor der Familie bestehen, denn sein linker Arm blieb als Folge von Komplikationen bei der Geburt zurück – für seine Mutter, Kronprinzessin Victoria, eine Art persönliches Versagen. Auch für ihn selbst bedeutete die Behinderung eine Kränkung, die vielleicht seinen Hang zu Theatralik und Pomp begünstigt hat. Was er auf dem Pferd an Repräsentation nicht leisten konnte, machte er durch immer exzentrischere Uniformen und aufwändige Reisereien wett. Nicht nur seine Mutter, die ganze Familie sah Wilhelm II. kritisch und bedauerte seine instabile Persönlichkeit in Zeiten, in denen die Monarchie an vielen Fronten gleichzeitig kämpfen musste. Anders als in Skandinavien und den benachbarten Benelux-Ländern war die deutsche Monarchie nach dem

Ersten Weltkrieg mit ihrem Kaiser Wilhelm II. an ihr Ende gekommen.

Welche Außenseiter gab es in Ihrer Familie? Wie wurde deren Schicksal gedeutet? Fühlen Sie sich als integrierter Teil Ihrer Familie, fest verwurzelt, aufgehoben in dieser Welt? Oder sehen Sie sich eher als entfernter Satellit?

Das Erbe der Schuldigen und Bösewichte

Was wäre die Weltgeschichte ohne richtige Bösewichte? Keine Frage: Ohne Stalin, Hitler und den kleinen, gemeinen KZ-Aufseher wäre die Welt besser gewesen. Aber so war die Geschichte eben nicht. Es gibt das Böse. Auch in Ihrer Familie hat es nicht nur gute Menschen gegeben. Es gab Zeiten, in denen es besonders schwierig war, ein guter Mensch zu sein. Im Nationalsozialismus waren rund zehn Prozent Mitglieder der NSDAP. Hitler wurde am 6. November 1932 von mehr als 33 Prozent der Wähler gewählt und deshalb am 30. Januar 1933 zum Reichskanzler ernannt. Auch dass in der »Reichskristallnacht« Zehntausende jüdische Geschäfte demoliert wurden, ist für Sie nichts Neues. Ob Ihre Großeltern dabei waren? Nein, das können Sie sich nicht vorstellen. Natürlich nicht. Aber machen Sie nicht Halt vor solchen Fragen, die vielleicht auch positive Bilder Ihrer Ahnen zerstören. Die Wahrheit bringt Ihnen mehr. Und vergessen Sie auch nicht, dass Sie nicht einfach verurteilen und aus Ihrer jetzigen, geruhsamen Position heraus moralische Urteile über eine völlig andere Zeit fällen können. Wenn Sie an die kritischen Punkte einer Familiengeschichte kommen, fragen Sie sich: Wie hätte ich mich selbst verhalten, hätte ich zur Zeit des Nationalsozialismus gelebt? Diese Frage kann man nicht ehrlich beantworten – man kann sie gar nicht beantworten. Sicherlich können Sie sich aber auf eine Zeitreise aufmachen und einmal versuchen, sich in Ihre Vorfahren hineinzubegeben. Familienforschung heißt für uns schließlich auch: die eigene Empathie zu schulen, sich in Rollen hineinzuversetzen, und das Leben Ihrer Ahnen als Abfolge unzähliger Optionen zu verstehen, denen jedes Mal weitreichende Entscheidungen zugrunde lagen.

Empathie für die Ahnen zu entwickeln muss aber nicht auf grundlose Entschuldigungen hinauslaufen. Einen wirksamen Mechanismus muss man sich bei der Bewertung »der Alten« immer vor Augen halten. Historiker und Psychologen, die mit Kindern und Enkeln über deren Vorfahren in der NS–Zeit sprechen, fanden heraus, dass das Familiengedächtnis seltsam funktioniert: In einem Teil des Gehirns speichern wir ab, was in der Schule und den Medien vermittelt wurde, nämlich dass Deutschland von der Nazi-Ideologie sehr flächendeckend kontaminiert war und dass nicht Hitler die Macht »ergriffen«, sondern dass die Mehrzahl der Deutschen ihn ermächtigt und unterstützt hat. Ein anderer Teil des Gehirns ist für die Selbstvergewisserung der Familie als Hort der Guten reserviert. »Opa war kein Nazi«, so der aussagekräftige Titel des einschlägigen Werkes von Harald Welzer dazu.[11] Welzer ist Psychologe und fasziniert davon, wie das Familiengedächtnis Kriegsgewinnler, Denunzianten, Mitläufer und Wegseher entlastet. Welzer und seine Kolleginnen setzten sich jeweils mit drei Generationen einer Familie zusammen, um die Funktionsweisen des kommunikativen Gedächtnisses zu untersuchen. Verdrängung entlastet die eigenen Leute, auch wenn man sich über die umfassenden Mechanismen der NS-Vernichtungspolitik im Klaren ist.[12] Neben dem Faktenwissen beherrscht ein verklärendes emotionales Familiengedächtnis die Erinnerung und verhindert, dass die Schuld zu stark weiterlebt. Rund die Hälfte der Enkel glaubt nicht, dass ihre Großeltern Nazis gewesen seien, hat Welzer herausgefunden. Ein schockierendes Ausmaß an Verdrängung und eine Art von Schizophrenie, die die Gedächtnisforschung als »völlig normal« bezeichnet.

Dagegen gibt es eine Art von Schuld, die intergenerationell weitergegeben werden kann und sich nicht einfach verdrängen lässt. Es gibt Täterfamilien und Nachkommen, auf deren Schultern die Schuld der Vorfahren schwer lasten. Die Kinder der bekannten NS-Täter hatten es gewiss nicht einfach. Als Nachgeborene waren Sie unschuldig, aber gefangen in dem, was der Rest der Welt nach 1945 über sie dachte. Ein Beispiel dafür ist Niklas Frank, Sohn des verhassten »Schlächters von Polen«, dem Generalgouverneur Polens in der NS-Zeit, Hans Frank. Der Sohn blieb zeitlebens verstrickt in das Leben seines Vaters, arbeitete sich daran ab, indem er Bücher schrieb. Bekannt geworden und sehr eindringlich ist die Abrechnung »Der Vater« und damit der Versuch des Bruchs und Fliehens vor dem familiären Schatten. Es ist auch ein Beispiel dafür, dass Verstrickungen mit der Vergangenheit ein Ventil benötigen, um sie loszuwerden. Man kann ihnen, den Alten, Einhalt gebieten. Manchmal nützen Zwiegespräche, Gesten der Abwehr, aber am effektivsten – so meinen wir – ist immer noch das Aufschreiben, das wir als aufklärerische Handlung empfinden, um Licht in jeden Winkel eines vielleicht schon etwas knarzenden Familienhauses zu bringen. Leuchten Sie den Keller gut aus und lassen Sie frische Luft herein – in manchen Fällen kann das sehr gut tun.

Gibt es auch bei Ihnen Bösewichte in der Familie? Welche Rolle spielt bei Ihren Vorfahren der Nationalsozialismus? Gibt es Verwicklungen mit der Stasi in der DDR? Sind Familienmitglieder einfach »verschwunden« und nach Jahren mal wieder aufgetaucht, weil sie eventuell ins Gefängnis mussten? Wie hat die Familie auf die eigene Vergangenheit reagiert? Redet man darüber oder hüllt sich alles bis heute in Schweigen?

Verstrickte, Verräter und Versöhner

Nicht immer geht es um Schuld oder Unschuld in juristischen Kategorien. Bei wohlwollender Betrachtung können wir Nachgeborenen den »Schuldigen«

gegenüber vielleicht ein mildes Urteil fällen und sie als »Verstrickte« bezeichnen. Dieses Wort wird oft gegenüber Menschen benutzt, die zu DDR-Zeiten eine gewisse zeittypische Schuld als wie-auch-immer-aktive Mitglieder des SED-Regimes auf sich geladen haben. Für ein geringes Maß an Schuld ist der Ausdruck passend. Dennoch verwischt er die Grenze zwischen Opfern und Tätern. Aber wie immer in der Geschichte und im Leben ist es eine Frage der Perspektive: Wie viel Schuld hat der inoffizielle Mitarbeiter der Staatssicherheitsbehörde auf sich geladen – wenn er beispielsweise hoffte, auf diesem Wege Studienplätze für seine Kinder zu bekommen? Die Hauptamtlichen der Behörde waren schrecklich fantasievoll, wenn es darum ging, Bürger zur Spitzelei anzustiften – Verfehlungen welcher Art auch immer konnten als Erpressungsgrund aufgebauscht werden. 111 Kilometer Akten lagern in der so genannten Stasi-Unterlagen-Behörde. Akten voller Schuld, Verstrickungen, Bösewichte, Täter. Über die Jahrzehnte registrierte das Ministerium mehr als 600.000 Menschen als Inoffizielle Mitarbeiter. Viele waren nur kleine Mitläufer und plauderten Unwichtiges über Kollegen aus, ohne ihnen zu schaden. Andere versuchten, sich durch ihre Mitarbeit Vorteile zu verschaffen, mehr Reisefreiheit oder eine bessere berufliche Position. Manche waren überzeugt davon, einer guten Sache zu dienen, nämlich einem friedlichen Sozialismus, der die ganze Welt erobern würde. Die Ideologie war stärker als alles andere im Leben. Wieder andere waren Abenteurer. Und neben den klassischen Bösewichten haben gerade Agenten und Verräter es immer wieder geschafft, die Geschichte zu beeinflussen. Jüngst waren es die DDR-Überläufer, die heute vor ihren Kindern Rechenschaft ablegen müssen. Eine, die ihr Verhältnis mit ihrem Vater in einem autobiografischen Buch aufgearbeitet hat, ist Edina Stiller, Tochter eines Agenten. Ihr Vater war Werner Stiller, der als Oberleutnant der Hauptverwaltung Aufklärung der Staatssicherheit (HVA) im Sektor Wissenschaft und Technik die westdeutsche Atomforschung ausspionieren sollte und 1979 von Ost nach West überlief. Die Stasi terrorisierte die Familie systematisch und auf traumatische Art, u.a. wurden sie zwangsumgesiedelt. Ex-Agent Stiller war von Todesstrafe bedroht und wagte es erst 1990, sich bei seiner Familie zu melden – elf Jahre, nachdem er Frau und Tochter und Sohn verlassen hatte und zahlreiche andere Familien mit in einen Abgrund gerissen hatte, indem er sie enttarnte. Darüber schreibt Edina Stiller zusammen mit Nicole Glocke, mit der sie auf ganz besondere Weise verbunden ist. Karl Heinz Glocke, Nicole Glockes Vater, war nämlich einer von den Agenten, die Werner Stiller 1979 verraten hat. Für die HVA war er als Major unter dem Decknamen »Bronze« als Personalleiter in den Rheinisch-Westfälischen Elektrizitätswerken tätig und überzeugt von der ideologischen Überlegenheit der DDR – und ein überaus erfolgreicher Mitarbeiter des Auslandsnachrichtendienstes seines Landes. Wegen Spionage für die DDR kam er für zwei Jahre und 9 Monate ins Gefängnis. Entlassen wurde er als verbitterter Kommunist, der auch seiner Familie nicht mehr nahe kam. Für die Töchter der beiden Agenten ein schweres Erbe, hinterlassen von ihren Vätern, mit denen sie sich kaum darüber auseinandersetzen können. Dafür suchten sie zueinander Kontakt und empfinden sich heute als Leidensgenossinnen, trotz der gegensätzlichen politischen Konstellation, in der sie aufgewachsen sind. Gemeinsam ist es ihnen gelungen, zu ihren Vätern eine heilsame kritische Distanz aufzubauen.

»Unsere Väter sind uns Kindern keine Vorbilder gewesen und haben uns bisher keinen Orientierungsrahmen geboten. Wir haben sie nie als geheimnisvolle Agenten, als mythische Figuren wahrgenommen. Für uns – und das ist das Entscheidende – sind sie in erster Linie Väter, und zwar sehr schlechte. Die Grenzen zwischen den Systemen sind mittlerweile gefallen, aber in den Köpfen unserer Vätergeneration bestehen sie weiter, wobei es der »Westvater« ist, der an den kommunistischen Idealen festhält, während der »Ost-Vater« die kapitalistische Marktwirtschaft vertritt. Wir Töchter haben den Konflikt zwischen ihnen und den Zwiespalt dieser Welt bereits am Anfang unseres Lebens schmerzhaft erfahren müssen. Sie haben uns verlassen und getäuscht, unsere sorglose Kindheit zerstört. Das hat unser Leben bestimmt, das ist unser Erbe.«[13]

Dieses Beispiel zeigt, dass auch ursprünglich »verfeindete« Familien durch ihre Nähe zueinander eine fruchtbare Beziehung haben können. Dass es möglich ist, sich zu versöhnen, ja, dass der Kontakt zu den Antagonisten sogar hilfreich sein kann. Und: Es müssen nicht die Blutsverwandten sein, mit denen Sie die Vergangenheit bewältigen können.

Gibt es in Ihrer Familie auch die Verstrickten? Welche Beziehung haben Sie zu denen aufgebaut? Welche Lehren sind aus den Verstrickungen gezogen worden und bestimmen die Familiengespräche?

Das Familiengeheimnis: Über Traumata und Unsagbares

Gewalt, Sucht, Kriminalität, Selbstmord, früh gestorbene Kinder sind tragische Elemente, die manche Familien prägen. Ohne dass man von »Vererbung« im eigentlichen Sinne sprechen kann, gibt es doch in manchen Familien auffällige Häufungen von so genannten Schicksalsschlägen. Auch wer nicht selbst unmittelbar davon betroffen ist, hat die Psychoanalytikerin Anne Ancelin Schützenberger herausgefunden, wird durch eine ganz tief verwurzelte Loyalität der Familie gegenüber in dieses System eingebunden.[14]

Es gibt Familien, die schwer an solchen Lasten der Vergangenheit tragen. Tiefe Wunden empfinden noch heute beispielsweise Flüchtlinge und Vertriebene in sich. Die Heimat verloren zu haben, kann für Generationen prägend sein. Mehr als zwölf Millionen Deutsche sind nach dem Zweiten Weltkrieg in das Gebiet der Bundesrepublik und der DDR gelangt, die meisten unter furchtbaren Umständen. »Kriegskinder« – eine ganze Generation von Deutschen, die nun in die Jahre gekommen sind. Unwahrscheinlich, dass es in Ihrer Familie keine vom Krieg geprägten Schicksale gibt. Bombennächte, Feuersturm, Kälte, Hunger, Vergewaltigungen, Verluste und Trennungen sind Erfahrungen, die schwer zu verarbeiten sind, auch nicht über Jahrzehnte. Gut untersucht ist der lange Schatten traumatischer Erlebnisse bei den Kindern und Enkeln der Holocaust-Überlebenden.[15]

Haben Sie mit Ihren Eltern oder Großeltern über ihre Erinnerungen daran gesprochen? Die Hilflosigkeit der Eltern zu erleben, die Entwurzelung der ganzen Familie durchzustehen und schließlich die existenzielle Bedrohung an Leib und Leben im Krieg zu verarbeiten, kann auch ein Trauma für einen selbst auslösen. Ängste, Depressionen und Aggressionsschübe sind typische Symptome dafür. Sprachlosigkeit herrscht oft in solchen Familien, die gemeinsam Schreckliches erlebt haben. Gerade die Sprachlosigkeit macht das Grauen umso mächtiger, sagen Psychologen und Psychoanalytiker wie Dr. Silke Wiegand-Grefe, die an der Hamburger Universitätsklinik Eppendorf ein Forschungsprojekt zu dem Thema durchführt. Insbesondere das Nicht-Gesagte wird zum Geheimnis, kann nicht erinnert und somit nicht verarbeitet und vergessen werden, wissen Analytiker.[16] Denn das Trauma ist nicht Teil einer Familiengeschichte, weil es nicht als ein Teil von ihr akzeptiert werden kann.

Auch der Zeitgeist und die politischen Machtverhältnisse können Redeverbot verhängen: In der DDR gab es für die Familien von Geflohenen oder Ausgebürgerten kein Recht auf Trauer. Die Vertriebenen in der DDR mussten umso deutlicher als gute sozialistische Bürger leben und ihren Verlust verarbeiten, ohne darüber sprechen zu dürfen. Kriegsflüchtlinge und Asylsuchende können auch heute noch ein Lied davon singen, wie es ist, zu sein oder zu denken, was nicht sein darf und unsagbar ist.

Das größte familieninterne Tabu in der Geschichte der westlichen Welt ist jedoch der Inzest, also der sexuelle Kontakt zwischen nahen Verwandten. Der dänische Film »Das Fest« (1998, Regie Thomas Vinterberg) thematisiert den sexuellen Missbrauch von Kindern durch ihren Vater. Verstörend, wie ein Sohn während einer Feier plötzlich den jahrelangen Missbrauch durch den Vaters anspricht, und wie auch der Selbstmord eines der Kinder zur Sprache kommt. Ungläubigkeit, Nicht-Wahrhaben-Wollen und Wut dem Sohn und Enthüller gegenüber stehen am Anfang des Festes, als die Vorwürfe in der Festrede formuliert werden. Zunächst versuchen Mutter und Geschwister weiter den schönen Schein der glücklichen und erfolgreichen Familie zu wahren – typisch für Angehörige solcher Täter. Das Leugnen der furchtbaren Verbrechen über Jahrzehnte ist häufig. Gerade die Opfer schweigen oft, weil sie vom Täter davon überzeugt wurden, in die Gunst besonderer Zuneigung zu kommen. »Geschenke mit Zähnen« nennt die Psychoanalytikerin Schützenberger das.[17]

Was sind die Tabuthemen in Ihrer Familie? Gibt es Situationen und Konstellationen, bei denen es »kracht«? Erahnen Sie die unsagbaren Themen in den Familiengesprächen?

Familienehre und die Kraft der Mythen

Ein Mythos, der die Familie prägt, ist oft eine diffuse Vorstellung von einer wie auch immer begründeten Ehre der Familie. Das kann eine bestimmte politische Haltung sein, unternehmerische oder wissenschaftliche Erfolge über Generationen hinweg, oder aber ein besonderer sportlicher Ehrgeiz: Bei unserem Studienfreund L. gehörte es zur Familientradition, dass stets die Großmutter noch ihren Enkeln den Aufschwung am Turn-Reck im Garten des Familienanwesens beibrachte – »Wir sind Turner!«, prahlte die Familie dann. Ob seine Mutter, die er jüngst zur Oma gemacht hat, schon heimlich trainiert, um der Familienehre in ein paar Jahren wieder gerecht zu werden?

Spüren Sie übrigens auch den kleinen, ganz persönlichen Ehrgefühlen und Superlativen Ihrer Verwandten nach, denn gerade die werden allzu leicht vergessen: Großmutter machte den besten Gänsebraten der ganzen Stadt? Onkel Hans übertönte mit seinem lauten Bass den ganzen Kirchenchor? Den Nachgeborenen helfen genau diese liebenswerten Details dabei, sich ein Bild von ihren Vorfahren zu machen – auch wenn hier und da ein bisschen nostalgische Verklärung dabei ist.

Mehr als verklärend ist das, was in dieser Familiengeschichte wirkte: »Wir sind Erfinder« – Zum Selbstverständnis der Familie Zeise in Hamburg-Altona gehörte der Erfindergeist, der über Generationen für

Wohlstand gesorgt hatte. Die Gulaschkanone, die Duschkabine... alles Ideen, die von Theodor und Peter Zeise entwickelt und zum Patent angemeldet worden sind. Die tragfähigste Erfindung war die Entwicklung von Schiffsschrauben, Propeller genannt. 1920 ging Theodor Zeise mit einem Patent dafür auf den Markt und über Jahrzehnte verkaufte er sehr erfolgreich an deutsche Reedereien. Sogar auf dem internationalen Markt konnte er eine Zeit lang bestehen und rüstete 1958 eine Yacht von Onassis mit einem riesigen Propeller aus. Der Erfindergeist vererbte sich nicht wirklich an seine Nachfahren, der Mythos davon war aber so stark, dass er eigene Identitäten überdecken konnte. Sein Neffe Alfred Zeise war so überzeugt davon, als »echter Zeise« auch geniale Ideen unters Volk zu bringen, dass er sich nicht von haarsträubenden Flops entmutigen ließ und so über die Jahrzehnte das Geld der Familie verbrannte. Niemand wusste genau, was er eigentlich arbeitete und tüftelte. Aber er war ja ein echter Zeise, also musste doch etwas Großartiges dabei herauskommen. Nach seinem Tod fand sich auf dem Dachboden das Ergebnis seiner heimlichen Entwicklungsarbeit: Tausende von »Schuppenkämmen« lagerten dort. Unverkäufliche und nutzlose Kämme waren das, mit einer Rille, die die Schuppen beim Kämmen sammeln sollte. Über Generationen hatte der Familienmythos »Wir sind Erfinder!« geniale Ideen produziert und die Verwandtschaft zum Wettbewerb der besten Ideen angefeuert, nun aber riss genau dieser Mythos die ehrwürdigen Zeises, die lange als die Buddenbrooks von Altona galten, in den Abgrund.

In solchen Fällen ist aber auch schnell eine andere prototypische Erzählung zur Hand: Eine Familie steht dann unter einem Fluch, was jegliche individuelle Verantwortung aufhebt. Der Fluch einer bösen Person trifft in der Märchenliteratur häufig Unschuldige. In Grimms »Dornröschen« verfolgt eine archaische Verwünschung das arme Mädchen und ihre Familie: Dornröschens Vater lädt zur Taufe nur zwölf der dreizehn weisen Frauen ein, weil ihm ein dreizehntes Gedeck fehlt. Aus Zorn darüber spricht diese ausgeschlossene Frau den Fluch aus. Das Mädchen möge an seinem 16. Geburtstag durch den Stich an einer Spindel sterben. Die Verdammung wird durch eine gnädige Frau noch abgemildert und so das Todesurteil in einen hundertjährigen Schlaf verwandelt, in den auch der gesamte Hofstaat fallen soll. Und so passiert es am 16. Geburtstag tatsächlich, dass Dornröschen im Schloss eine spinnende Frau entdeckt und selbst zur Spindel greift. Eine kleine Verletzung am Finger führt zu dem langen Schlaf, aus dem sie dann erst der Prinz mit einem Kuss wecken kann. Niemals hätten Dornröschens Eltern wohl gedacht, dass ein »starkes Wort« einer alten Hexe solch eine Macht haben könnte. Aber Äußerungen zur Zukunft eines Kindes können folgenreich sein und – neudeutsch – als self-fulfilling-prophecy wirken. Prophezeihungen und Flüche sind in Westeuropa nicht mehr sehr verbreitet, auf dem Balkan dagegen schon. Unsere Studienkollegin B. kommt aus Albanien und erlebte es in ihrer eigenen Familie, dass die Großmutter einen ihrer Söhne verfluchte: Er wollte eine Frau heiraten, die sie nicht akzeptierte. Kurze Zeit nach dem Fluch wurde er von einem Blitz erschlagen.

Die Kennedys aus den USA haben als Familie einiger erfolgreicher und glamouröser Politiker viel Bewunderung bekommen. Aber auch die vielen Tragödien prägen diese Familie, so dass bei jedem neuen Todesfall die Frage »War es der Fluch der Familie?« in den Medien diskutiert wird. Attentate wie das auf John F. Kennedy am 22.11.1963, und später auf dessen Bruder, Flugzeugabstürze wie 1944 der von Joseph Patrick Kennedy Jr. und 1999 von John F. Kennedy Jr., Totgeburten und Drogenprobleme der Jüngeren brachten den großen irischstämmigen Clan über Jahrzehnte und Generationen immer wieder in die Schlagzeilen. Gerade das Nebeneinander von gelungenem amerikanischen Traum und vielen Skandalen und Schicksalsschlägen prägt die Familiengeschichte.

Wie verflucht ist in manchen Familien auch die Neigung zu destruktiven Beziehungen. Ob die Liebe zu Süchtigen und Schlägern oder ein Faible für viel zu junge Partnerinnen – Therapeuten kennen Beispiele aus Familien, in denen jede Generation die gleichen verhängnisvollen Fehler in der Partnerwahl begeht. Etwas anders zu machen, klüger zu handeln, kann von Kindern wie von Eltern als Verrat empfunden werden. Auch etwas Materielles wie ein Gebäude kann einen Fluch ausüben, sei es, dass eine Hypothek darauf die Besitzer belastet oder, dass Schimmel die Bewohner krank macht.

Die französische Psychoanalytikerin Anne Schützenberger analysierte Familien, in denen immer wieder am selben Tag im Jahr Unglücke passieren – das so genannte »Jahrestag–Syndrom« schlägt zu. War es bei den Urahnen an einem bestimmten Tag im Jahr ein Hausbrand, der alles Hab und Gut zerstörte, verlor eine Nachfahrin, viele Generationen später, vielleicht an diesem Tag ihr Portemonnaie. Auch gehäufte Unfälle oder plötzlich auftretende Depressionen aber auch umgekehrt: starke Glücksgefühle können an solchen Jahrestagen auftreten und sind letztlich Ausdruck einer unsichtbaren Familienloyalität. Das Jahrestag-Syndrom lasse sich nur damit kurieren, indem die Nachfahren dem »Fluch« auf die Spur kommen. Das Darüber-Reden bannt die Macht der Vergangenheit. Die Treue zu den Vorfahren lenke uns unbewusst, so die Psychoanalytikerin. Diese unsichtbare Loyalität verpflichtet zu den Leitmotiven der Herkunftsfamilie. Nur wer das verstanden habe, könne auch entscheiden, ob diese Treue in einen neuen Bezugsrahmen gestellt werden solle, um sein eigenes Leben zu leben, um frei zu werden.[18]

Lesetipp:

Anne Schützenberger, Oh, meine Ahnen! Wie das Leben unserer Vorfahren in uns wiederkehrt, Heidelberg 2005.

Interview mit Dr. Silke Wiegand-Grefe über vererbte Traumata

Dr. Silke Wiegand-Grefe leitet ein Forschungsprojekt der Poliklinik für Psychosomatik und Psychotherapie des Uniklinikums Hamburg-Eppendorf und der Forschungsstelle für Zeitgeschichte (Universität Hamburg) zum »Hamburger Feuersturm«. Der Begriff »Hamburger Feuersturm« steht für den großen, sich über mehrere Tage hinziehenden Luftangriff auf Hamburg im Sommer 1943. Etwa 35.000 Menschen verloren dabei ihr Leben, und der »Feuersturm« prägte sich als tiefste Zäsur des 20. Jahrhunderts in Hamburgs Stadtbild und -geschichte ein. Im Mittelpunkt des interdisziplinären, von Historikern und Psychoanalytikern gemeinsam entwickelten Forschungsprojekts, steht am Beispiel der Überlebenden des »Hamburger Feuersturms« und der nachfolgenden Generationen die Frage, inwieweit Kriegserlebnisse zu langfristigen Traumatisierungen führen und wie diese individuell, familiär und gesellschaftlich verarbeitet werden.

Was haben die Menschen damals im Feuersturm genau erlebt?

Das ist natürlich individuell sehr unterschiedlich: Ein Kind, das die Nacht des Feuersturms real allein durchleben musste oder sich allein gefühlt hat, weil die Mutter oder andere Bezugspersonen mit sich selbst oder anderen Dingen beschäftigt waren oder aus welchen Gründen auch immer nicht zur Verfügung standen, wird diese Ereignisse anders erleben und verarbeiten als ein Kind, das im geschützten Arm seiner Mutter um sein Leben bangt. Diesen Eindruck haben wir auch aus den Interviews gewonnen: Kinder, die in wenig haltgebenden, vertrauensvollen, fürsorglichen Beziehungen zu den Eltern, meistens war vor allem in dieser Zeit die Mutter prägend, aufwuchsen, berichteten auch im Nachhinein über den Feuersturm, dass sie sich einsam, eben »mutterseelenallein« fühlten.

Trotzdem gibt es natürlich übergreifende Erlebnisse, die solch ein Ereignis fast zwangsläufig auslöst, die das Erleben prägen und die immer wieder von vielen Menschen relativ übereinstimmend berichtet werden: das Feuer, überall brannte es, die große unerträgliche Hitze, die Straßenbeläge schmolz und Wege unpassierbar machte, der Sturm, der das Feuer immer weiter anfachte (es war in den vorherigen Tagen und Nächten sehr heiß gewesen, so dass durch die Bombardierung und die Brände eben dieser Sog in den Straßen, der Feuersturm entstand), der Fluglärm in der Luft und der Lärm und das Krachen durch die Einschläge der Bomben, niederstürzende Häuser, der Dunst, der über der Stadt lag, Menschen, die in Panik durch die Straßen rannten. Berichtet wird hinterher auch von Leichenbergen auf den Straßen, vom tagelangen Geruch nach Rauch und Qualm.

Erlebt haben die Menschen natürlich auch Todesangst, eine Situation, aus der es scheinbar kein Entrinnen gab, Bunker, die kein Gefühl der Sicherheit mehr vermittelten. Die meisten Menschen haben erlebt »jetzt ist es zu Ende!«

Warum jetzt ein Forschungsprojekt dazu?

… weil die Zeit mehr als reif ist, weil die Menschen, die das erlebt haben, angesichts ihres Alters jetzt noch erzählen können (und nicht mehr lange, dann ist dieses Erfahrungswissen für immer verloren) und viele auch im Angesicht des nahenden Todes reden wollen und weil die Frage, was wird über die Generation weiterbestehen, aktuell eine zentrale Frage nach diesen Ereignissen ist, die uns Forscher sehr beschäftigt. Uns ging es einmal darum, die Betroffenen zu Wort kommen zu lassen und damit diese Geschichten und Erlebnisse gewissermaßen weiterleben zu lassen, die Erinnerungen zu konservieren für die Nachgeborenen, auch im Sinne einer Mahnung (Nie wieder Krieg!). Beides war im Übrigen auch für viele unserer interviewten

Zeitzeugen eine Motivation, am Interview teilzunehmen. Außerdem ging es darum, die transgenerationale Vererbung anhand der nächsten Generationen direkt zu untersuchen und die Kinder und Enkel tatsächlich zu befragen. Wir sind in Deutschland eines der wenigen Projekte, die Interviews über mehrere Generationen führen, und das einzige, das Interviews über drei Generationen (Zeitzeugen bzw. Erlebensgeneration, Kinder und Enkel) und auch noch Familiengespräche durchführt. Schließlich ging es uns auch darum, diese Erinnerungen nicht nur festzuhalten, aufzuschreiben und zu beforschen, sondern auch für weitere Forschungen zur Verfügung zu stellen und für nachfolgende Forschergenerationen zu bewahren. Sämtliches Material wird in der »Werkstatt der Erinnerung« in der Forschungsstelle für Zeitgeschichte der Universität archiviert. Die Zusammenarbeit mit den Historikern, es ist ja ein interdisziplinäres Forschungsprojekt, in dem wir »Psychos« (Psychoanalytiker, Psychosomatiker, Kinder- und Jugendlichen Therapeuten, Familientherapeuten) mit Historikern zusammenarbeiten, war darüber hinaus überaus bereichernd und spannend. Das Projekt wird übrigens in einer Filmdokumentation vorgestellt, die auf der Internet-Seite der Gerda Henkel-Stiftung, die das Projekt dankenswerterweise fördert (neben der Köhler-Stiftung und der Werner Otto Stiftung Hamburg).

Wie sehr beeinflussen die Erlebnisse der Großeltern das Lebensgefühl der Kinder, wie wird das eigentlich genau transportiert in die nächste Generation?

Das ist eine wichtige, aber auch schwierige Frage. Wie das genau funktioniert, davon wissen wir noch sehr wenig, da wird auch die zukünftige Hirnforschung mehr Erkenntnisse beitragen können. Als Psychoanalytiker gehen wir davon aus, dass Erfahrungen, Erlebnisse, vor allem der Beziehungserfahrungen, die wir beim Aufwachsen in unserer Kindheit machen, internalisiert werden, also im Unterbewusstsein weiter fortbestehen und unser Erleben, unser Verhalten und unsere Einstellungen ein Leben lang wesentlich prägen. Schwierige traumatische Ereignisse können dann in einer Krisensituation aktualisiert werden. Ich habe beispielsweise eine Frau interviewt, die die Bombardierungserlebnisse jahrzehntelang gut bewältigt hat, vielleicht auch ein Stück verdrängt hat (ein Stück Verdrängung ist ja sehr gesund), keinerlei Beschwerden, Symptome oder psychische Leiden zeigte und abgesehen von einigen normalen Alterserscheinungen völlig gesund war. Aber in den Nächten und Tagen nach dem 11. September 2001, den Anschlägen und dem Einsturz des World Trade Centers in New York erlebte Sie extrem heftige Angstanfälle. In Alpträumen und tagsüber in »flash backs« wiederholten sich wochenlang ihre Erlebnisse im Feuersturm in der Erinnerung.

Die Erlebnisse unserer Großeltern beeinflussen uns natürlich auch in unseren Erinnerungen, in unseren inneren Werten, Normen und Regeln, in unserer Erziehung, z.B., wenn wir in ihrem Sinne erzogen werden, wenn ihre Werte und Normen gelten: Essen wirft man nicht weg; geh sparsam mit Dingen um, trage das Wichtigste immer bei Dir oder hab es gut sortiert und erreichbar etc.

Wie fühlen sich die Enkel, wenn sie fragen? Was spüren die noch von dem Trauma der Großeltern?

Viele sind neugierig, wollen wissen, was da passiert ist. Sie spüren, das ihre Großeltern etwas sehr schmerzliches, vielleicht in der Familie bisher unaussprechliches erlebt haben. Sie fühlen sich in sie ein, haben dazu eigene Fantasien, Ideen, Ängste … Dinge, über die wir nicht sprechen, über die fantasieren wir und die Fantasien sind oft noch schlimmer und bedrohlicher und weniger aushaltbar (weil weniger greifbar), als eine noch so schmerzliche Realität. Um diese Zeit ranken sich ja auch viele Familiengeheimnisse und Geschichten. Wir haben in unserer Untersuchung im Gespräch mit der Familie aber auch erlebt, dass manchmal das Gespräch zwischen Großeltern und Enkeln eher noch möglich ist als zwischen den Großeltern und den eigenen Kindern. Die Kindergeneration der Zeitzeugen ist gewissermaßen dichter dran, die sind miteinander verstrickter, auch identifizierter mit den Eltern, da ist es schwieriger, offen zu reden.

Kann man sich das so vorstellen, als würden wir Nachgeborenen in einer »Erinnerungslandschaft« leben und herumwandern?

Ja, natürlich, wir wandern durch Erinnerungslandschaften, jeder durch seine eigene Landschaft der erzählten, fantasierten, gefühlten Erinnerungen. Und manchmal sitzen wir auch mittendrin. Das ist ein schönes Bild, das könnte man weiter ausfantasieren.

Woran kann ich eigentlich erkennen, dass ich an einem »transgenerationellen« Trauma leide?

Wenn ich darunter leide, dann merke ich das an Beschwerden, Symptomen, vielleicht Depressionen oder übermäßigen Ängsten. Was wir nicht merken, ist, wie sehr wir unbewusst mit unseren Eltern und Großeltern verbunden, verstrickt, verwoben, wir sagen »identifiziert« sind. Das läuft ganz automatisch. Das Ausmaß merkt man selten, nur ab und zu wird es im Verhalten mal deutlich, wenn wir plötzlich merken, »So ähnlich muss es Mutter gegangen sein, als …«; oder »Jetzt rede ich schon wie mein Vater, obwohl ich das nie wollte«. Wenn uns plötzlich bewusst wird, dass wir »ganz zufällig« einen »ganz ähnlichen« Beruf ergriffen haben, wie unsere Vorfahren etc. Eine spannende Methode übrigens, die transgenerationalen Themen der eigenen Familie zu entdecken, ist das sog. Genogramm, eine Art Stammbaum. Wer das mal für sich und seine Familie aufzeichnet, über 2-3 Generationen, der merkt und hat plötzlich schön veranschaulicht, welche Themen und vielleicht auch »Traumen«, obwohl das ein heterogen verwendeter und nicht einheitlich definierter Begriff ist, sich über mehrere Generationen durch die Familie ziehen. Es wird nochmal deutlicher, wenn man das so schwarz auf weiß vor sich sieht (gut nachlesbar übrigens in Manfred Cierpkas »Handbuch der Familiendiagnostik«)

Die Menschen, von denen Sie erzählen, sind Opfer. Einige von Ihnen sind sicherlich auch »echte Nazis« gewesen – fühlen die sich als Opfer, oder auch als Täter? Wie kommen Kinder und Enkel damit klar? Trauma und Täterschaft schließen sich ja nicht aus.

Die können sich als beides fühlen, als Täter oder Mittäter und gleichzeitig als Opfer. Auch die (früheren) Nazis fühlen sich durchaus als Opfer, z.B. als Opfer einer Ideologie, auch als Opfer von Hitler, als Opfer ihrer Zeit. Auch Schuldgefühle haben beide Seiten. Die Kinder und Enkel der Täter leiden unter starken Schuldgefühlen, wenn sie es zulassen, die Ereignisse und die »Schuldfragen« zu reflektieren, diese Schuldgefühle sind plausibel und gut nachvollziehbar. Aber auch Menschen der anderen Seite, der Opferseite, fühlen sich schuldig. Wir sprechen z.B. von »Überlebensschuld«, einer Schuld gegenüber den umgekommenen, ermordeten Menschen, die die Nazizeit nicht überlebt haben und ein Schuldgefühl, dieses Grauen selbst überlebt zu haben. Alle Arten dieser Schuldgefühle haben nach meinen Erfahrungen auch wieder eher die Kinder übernommen als die Enkelgeneration, die sind auch davon etwas distanzierter.

Problematisch ist vor allem das Schweigen in den Familien. Die Täter schweigen und ihre Nachkommen trauen sich nicht zu fragen, weil die Schuldgefühle zu stark sind oder weil die tatsächliche Beteiligung einfach verdrängt, verleugnet, abgewehrt wird. Die menschliche Psyche hat im Umgang mit unangenehmen Gefühlen eine ganze Reihe von Möglichkeiten, sich dieser zu entledigen. Das ist manchmal sehr spannend, was es da alles an Verdrehungen gibt. Ich möchte aber nicht so verstanden werden, dass ich Täter und Opfer moralisch gleich setze, das ist mir an dieser Stelle wichtig zu betonen. Die Nazitäter haben unermessliche Schuld auf sich geladen, ganz real, nicht nur fantasiert. Das ist etwas anderes als mit den Folgen einer Opferschaft zurechtzukommen, aber einige psychische Mechanismen und Auswirkungen in den nachfolgenden Generationen können tatsächlich in der psychischen Verarbeitung Ähnlichkeiten aufweisen.

Wenn es in einer Familie eine Tradition des Schweigens gibt: Wie also mit den Verwandten ins Gespräch kommen, gerade wenn es schwierig wird?

Wir wissen aus den Holocaustforschungen, aus Befragungen von Menschen, die den Holocaust als Opfer überlebt haben, dass es eine »Last des Schweigens« oder »Mauer des Schweigens« gibt. Betroffene und Nachkommen schweigen, weil die Erlebnisse einfach zu grausam, zu unmenschlich waren, um darüber sprechen zu können. Hartnäckig sein, immer wieder nachfragen, gleichzeitig einfühlsam und verständnisvoll sein, sich in die Eltern und Großeltern wirklich hineinversetzen. Wir haben viele Familien erlebt, in denen die Zeitzeugen sagen »Das hat die Kinder nicht interessiert« und die Kinder sagen »Quatsch« – Du hast nie darüber geredet und es hat mich sehr interessiert, aber ich habe mich nicht getraut, zu fragen, weil Du signalisiert hast: Da ist ein »Tabu«. Deshalb ist unser Projekt ja so spannend, weil wir da übrigens einzigartig in Deutschland auch Familiengespräche mit der ganzen Familie führen, die ganze Familie am Tisch sitzt und manchmal zum ersten Mal über

Tabuisiertes spricht. Das macht aber auch Angst. Es war schwierig, die ganze Familie zum Gespräch zu bewegen. Da war dann oft keine Zeit oder der abgesprochene Termin stand lange fest und kurzfristig konnten nur wenige aus der Familie kommen.

Was kann ich tun, wenn die Person, die das Trauma erlebt hat, gar nicht mehr lebt – wie kann ich mich einfühlen, Kontakt aufnehmen?

In der Fantasie. Menschen leben ja in unseren Erinnerungen weiter und es ist sehr gut möglich, mit einem Toten einen inneren Dialog zu führen, indem ich mir die Antworten des Anderen, so wie ich ihn in Erinnerung habe, vorstelle und dann entsprechend darauf reagiere. Aber das hat natürlich andere, engere Grenzen als ein wirkliches Gespräch zwischen Menschen und ist nur ein Hilfsmittel, wenn es nicht anders geht. Ein mir sehr lieber und wichtiger Mensch hat einmal gesagt, dass man schließlich die Psychoanalyse auch als eine Art Familientherapie verstehen kann, nur eben in der Auseinandersetzung mit der internalisierten, inneren Familie, nicht mit der real anwesenden Familie.

Wie kann ich mich mit meinen Ahnen versöhnen, wenn ich ein unerwünschtes Erbe antreten muss?

Ja, eben auch in diesem inneren Dialog, da ist auch Versöhnung möglich. Oder ich hole mir Unterstützung mit therapeutischen imaginativen Methoden, Rollenspielen, mit der fantasiert anwesenden Person, dem leeren Stuhl etc. Aber da sollte jemand professionelles die Moderation übernehmen, damit das nicht aus der Bahn läuft. Eine Zeit lang waren »Familienaufstellungen« nach Bert Hellinger in Mode, davon halte ich nichts, so faszinierend das Momente lang sein mag, diese emotional schnell und intensiv aufputschenden Interventionen durchzuführen. Vor allem finde ich persönlich die zwanghaften Rituale, die nicht die Person selbst, sondern der Aufstellungsleiter vorgibt (»Sprich mir nach …«), und in denen es immer um Versöhnung und ähnliches geht, nervig. Das sind Rituale, die nicht aus dem Prozess der Auseinandersetzung entwickelt werden, sondern nachgebetet werden, egal ob sie für diesen Moment stimmig sind oder nicht. Das ist Show, Religion, Voyerismus, keine Psychotherapie und sollte damit nicht verwechselt werden. Im Rahmen eines psychotherapeutischen Prozesses auf der Grundlage einer stabilen, vertrauensvollen Beziehung zu einem erfahrenen Therapeuten kommen Sie weiter.

2. Kapitel:

Die ersten Schritte, um den Ahnen auf die Spur zu kommen

Wir haben Sie auf den letzten Seiten durch einen Parcours biografischer Figuren geführt. Wir sind sicher, dass die eine oder andere Figur Ihnen bekannt vorkommt und gute wie schlechte Erinnerungen hervorruft. Waren die letzten Seiten jedoch wie eine Fahrt durch eine gruselige Geisterbahn, dann haben Sie erst recht einen Grund mehr, die Fackeln der Aufklärung voranzutragen, um zu erkennen, wer Sie sind, was Sie belastet, hemmt und blockiert – und was das mit Ihrer Familie zu tun hat. Die vorgestellten biografischen Figuren stecken das Feld ab, innerhalb dessen Sie Ihre eigene Familie denken können. Gleichsam soll dieses Feld zur Fantasie anregen. Ihre Familiengeschichte dabei als großes Theaterstück mit Rollen in verschiedenen Besetzun-

gen zu verstehen, ist ein ganz hilfreiches Mittel, um Ihrer Familiengeschichte einen Rahmen zu geben. Die Vergangenheit ist gewissermaßen eine Bühne, es gibt verschiedene Rollen zu vergeben, Haupt- und Nebenrollen, es gibt die Staffage, Leute im Hintergrund und die, die das Drumherum organisieren, ohne großartig aufzufallen. Regie führen Sie. Sie haben Rollen zu vergeben, bestimmen, wer wann seinen Auftritt hat und welchen Text spricht. Das Stück, das gegeben wird, präsentiert keine zufällige oder frei improvisierte Erzählung. Ihr Genre ist das dokumentarische Familientheater – sozusagen. Diesen Gedanken müssen Sie natürlich übertragen und abstrahieren. Aber grundsätzlich geht es darum, dass Sie den roten Faden Ihrer Story finden müssen. Um jede Rolle und schließlich das gesamte Zusammenspiel des »Ensembles« gut zu verstehen, bedarf es Ihrer Recherchen und Nachfragen. Sie müssen wissen, was in Ihrer Familie vorgefallen ist.[19]

Wir wollen Sie nicht dazu anstiften, zunächst einmal Geschichte zu studieren, um Ihre Familienhistorie kennen zu lernen. Aber: Um zu wissen, was in Ihrer Familie vorgefallen ist, bedarf es schon einiger grundlegender Kenntnisse. Keine Sorge, wir vermitteln Ihnen im Crash-Kurs-Verfahren das wichtigste Knowhow, um die Recherchen zu Ihrer Familiengeschichte durchzuführen. Sie werden merken, dass es wirklich Spaß machen kann, Zeitdetektiv zu spielen, einen Mosaikstein nach dem anderen zusammenzulegen und Schritt für Schritt ein Gesamtbild vor sich zu sehen, das Sinn macht. Zu forschen hat übrigens neben all der Aufregung und Neugierbefriedigung auch etwas Kontemplatives: In vergangene Zeiten abzutauchen und Archivalien zu durchstöbern, wird Sie mehr als jede Meditation von Ihrem diesseitigen Alltag losreißen und in eine fremde Welt entführen. Aber bevor Sie soweit sind, stehen einige andere Arbeitsschritte erst noch aus. In diesen Schritten werden Sie die wichtigsten Informationen zur eigenen Familiengeschichte zusammentragen können:

1. Schritt: Eigenes Wissen protokollieren

Zunächst sollten Sie sich klar machen: Es kommt eine Menge an Daten auf Sie zu – je nachdem wie weit Sie mit Ihrer Familiengeschichte gehen wollen. Reicht es Ihnen aus, die letzten drei bis vier Generationen zu erforschen oder wollen Sie systematisch alle Informationen über alle Vorfahren zusammentragen? Achtung: Mit jeder Generation verdoppelt sich die Zahl der Vorfahren (die man Aszendenten) nennt. Das will bei allem Ehrgeiz bedacht sein. Konkret heißt das: Sie haben zwei Eltern, vier Großeltern, acht Urgroßeltern etc. Wenn Sie ganz weit gehen wollen, kommen Sie evtl. bis ins 17. Jahrhundert zurück. Bei einem durchschnittlichen Filiationsalter, also dem Alter der Eltern bei der Geburt ihrer Kinder, von rund 30 Jahren, werden Sie am Ende vielleicht auf zehn oder zwölf Generationen kommen. Das heißt aber auch: Daten von mehreren Tausend Menschen verwalten!

Wollen Sie das? Machen wir es genau: Wenn Sie zwölf Generationen zurück gehen, haben Sie exakt 8.191 leibliche Vorfahren und deren Daten zu ordnen. Das wird dann leicht zur Lebensaufgabe, und befriedigt wohl eher den Typ Schmetterlingssammler unter den Genealogen.

Wir finden, dass sich tatsächlich irgendwann die Spur der Ahnen verlieren darf; die Bezüge zu sich selbst sind natürlich enger, je näher man im eigenen Umfeld der letzten, für sich noch fassbaren Generationen sucht. **Unser Vorschlag: Konzentrieren Sie sich erst einmal auf die ersten 2-4 Generationen – ob Sie dann noch weitergehen wollen, können Sie später entscheiden.** Bei der Familienforschung, wie wir sie verstehen, geht es schließlich nicht um reine Informationsverarbeitung und Zahlen. Wir wollen die Menschen kennen lernen, deren Existenz unser Leben bedingt hat. Und diese Menschen verblassen immer mehr, je weiter Sie zurückgehen und je unübersichtlicher die Anzahl der Vorfahren wird.

Wir empfehlen, vorbereitend erst einmal nur mit sich und seinem eigenen Wissen zu arbeiten. **Die leitende Frage dabei ist: Was ist bislang an Informationen über die Familie bei Ihnen angekommen?** Hilfreich kann es sein, diese ersten Gedanken, Erinnerungen, Fakten aufzuschreiben. Legen Sie dafür ein **»Recherchetagebuch«** an. Sie können ganz klassisch auf Papier schreiben oder mit dem Computer arbeiten. In dem Recherchetagebuch halten Sie alle Ihre Ideen und Gedanken fest, machen sich Notizen zu Ihren Rechercheergebnissen, notieren sich Ihre Rechercheschritte etc. Das Recherchetagebuch ist wie ein Logbuch, das Sie bei der Familienforschung begleitet und hilft, den Überblick zu behalten.

Einige Seiten im Recherchetagebuch können Sie mit Erinnerungsprotokollen an Familienmitglieder füllen. Die Anfertigung dieser Protokolle ist einer der vorbereitenden Schritte für tiefergehende Recherchen. Das Anfertigen der Erinnerungsprotokolle gelingt sehr gut mit Brainstormings und Mind-Mappings, wie es neudeutsch heißt.

Schreiben Sie dafür die aus Ihrer heutigen Sicht wichtigsten Menschen Ihrer Familiengeschichte auf. Notieren Sie stichwortartig zu jeder Person, was Ihnen einfällt:

- *Geburts- und Lebensorte*
- *Berufe*
- *Charaktereigenschaften, Hobbys*
- *Soziale und politische Verbindungen/ Überzeugungen*
- *Aussehen*
- *Was sagt man sich in der Familie so über diese Person?*
- *Emotionaler Bezug*

Kritzeln Sie, ziehen Sie Verbindungslinien, benutzen Sie unterschiedliche Farben für verschiedene Familienzweige. Unterstreichen und markieren Sie, was Ihnen wichtig ist, was starke Emotionen wie Neugier etc. auslöst. **Dieses Verfahren kann man auch gut als Gruppengespräch mit der Familie (oder einem Teil davon) machen.** Jeder wird spontane Ideen einwerfen und Details kennen, auf die man alleine nicht kommt.

Nach dieser Methode werden die Informationen zu Familienmitgliedern und deren Leben wie ein Gewitter auf Sie eingehen. Auch wenn Sie schon während dieses Prozesses Hervorhebungen machen und Bezüge herstellen, sollten Sie im Nachgang alles noch einmal durchdenken und weiter sortieren. **Damit legen Sie die Grundlage für Ihre ersten »Forschungsfragen«.** Ihnen wird schließlich einiges überhaupt nicht verständlich sein. Sie werden Dinge komisch finden, wenn Sie genauer hinsehen. So kann es dann kommen, dass Sie sich fragen, wie es passieren kann, dass einer der Großväter ab 1939 in den Krieg eingezogen worden ist und während des Krieges gleichzeitig ein intensives Familienleben stattgefunden haben soll, schließlich wurden alle vier Kinder nach 1939 gezeugt. Und sehen diese Kinder nicht alle sehr unterschiedlich aus? Gab es nicht schon immer diese seltsamen Andeutungen bezüglich der Zweitgeborenen oder die »aus der Art geschlagene« verrückte Tante? Solche und ähnliche Fragen kommen dann schnell auf.

Über die reinen Erinnerungsprotokolle an einzelne Personen gehen die Protokolle Ihrer Gefühlserbschaft hinaus. **Protokolle Ihrer Gefühlserbschaft**

verorten Sie mit Ihrem Lebensgefühl in dieser Welt – und sind sehr spannend, um Thesen zur Familiengeschichte zu bilden, aus denen sich Fragen und spätere Rechercheschritte ergeben können. Wem das zu gefühlig ist, dem sei gesagt: Auch Emotionen sind Fakten und eine Quelle der Geschichte; sie sind es wert, festgehalten zu werden. Nie hinterfragte Rituale oder ein ganz allgemeines Familiengefühl kann Generationen prägen. In manchen Familien ist Angst über Generationen ein großes Thema. Eine Gefühlserbschaft kann aber auch sein, die Gewissheit zu haben, immer zu den Siegern zu gehören. Versuchen Sie über stichwortartige oder ausformulierte Protokolle im Recherchetagebuch, diese Gefühlserbschaft zu definieren: **Was ist das große Thema Ihrer Familie?** Die Sehnsucht, die anderen zu verlassen oder einfach nur zu reisen? Materielle Sicherheit? Arbeit? Liebe? Wir kommen später darauf zurück, was wir damit anfangen können. Auch diese Informationen sind erst einmal Teil Ihres eigenen Brainstormings.

Es geht in dieser Phase um Grundlegendes, Verwandtschaften, Beziehungsmuster. Auch das sollten Sie sich alles notieren und ordnen. Auch bei schon Verstorbenen gibt es übrigens oft noch Möglichkeiten, die Blutsverwandtschaft zu untersuchen. Darüber und über andere genetische Aspekte der Familienforschung hat uns Dr. Usha Peters ein Interview gegeben.

Interview mit Dr. Usha Peters über Ahnen und Gene

Dr. Usha Peters ist Humangenetikerin und Leiterin des Labors für Molekulare Medizin in Hamburg.

Was halten Sie von dem Angebot, mithilfe der Genanalyse mehr über die Vorfahren herauszubekommen?

Man kann mit Hilfe von molekulargenetischen Untersuchungen sehr genaue Abstammungsnachweise zu nahen Verwandten (z.B. Vaterschaftsteste, Bestimmung von Eiigkeit bei Mehrlingen, u.a.m.) durchführen. Es ist auch möglich, über molekulare Marker eine grobe ethnische Zugehörigkeit festzulegen.

Wenig sinnvoll finde ich allerdings die kommerziell angebotenen Analysen zur ethnischen Herkunft, weil dabei für viel Geld nur sehr unspezifische und für das persönliche Leben wenig relevante Informationen erzielt werden.

Aber gerade von der Naturwissenschaft erwarten die Menschen doch objektive Ergebnisse, die Gene gelten doch als Träger unserer ganz individuellen Essenz!

Die Gene sind die biologische Grundlage unseres Lebens. Einen großen Einfluss haben jedoch auch epigenetische Faktoren, d.h. die Funktion der Gene modifizierende Einflussfaktoren. Kulturelle, religiöse und zeitgeschichtliche Faktoren sowie die Erziehung prägen uns ebenso sehr wie eine bestimmte Abfolge von Aminosäuren als Erbe.

Wie weit zurück forschen Sie nach den Genen in der Familie? Und wie geht das eigentlich? Ist der Haarkamm der verstorbenen Uroma noch interessant als Träger von Erbinformation?

Man kann aus kleinen Geweberesten wie z.B. einer großelterlichen Haarbürste Haarwurzeln mit DNA extrahieren und analysieren. Sie könnten damit beispielsweise eine Familienzugehörigkeit ausmachen, wenn Sie die genetischen Charakteristika mit Ihren eigenen abgleichen. Dabei untersucht man nicht die Gene, sondern variable DNA Bereiche (polymorphe Marken) außerhalb von Genen. Die genetische Untersuchung von Haarbürsten lebender Personen ohne deren Einverständnis ist hingegen nicht erlaubt.

Auch posthume Vaterschaftsnachweise könnte man auf diese Art führen. Einzelne Gene werden nur sehr selten und bei sehr speziellen Fragestellungen posthum untersucht.

Was bewegt Ihre Klienten, die damit rechnen müssen, ein »schlechtes Erbe« weiter zu geben?

Menschen mit einer erblichen Erkrankung haben oft den innigen Wunsch, die Anlage für die Erkrankung nicht an die Nachfahren weiter zu geben. Weil sie selbst schon wissen, wie belastend eine chronische Krankheit sein kann, wollen sie ihren Kindern dieses Schicksal ersparen. Diese Paare haben bei einer untersuchbaren Erkrankung die Möglichkeit einer Pränataldiagnostik z.B. die Fruchtwasseruntersuchung, mit deren Hilfe Chromosomenstörungen beim erwarteten Kind ausgeschlossen werden können oder aber u. U. auch gezielt einzelne Gene untersucht werden können. Es besteht auch die Möglichkeit einer Polkörper-Diagnostik oder in bestimmten Fällen einer Präimplantationsdiagnostik (PID) im Rahmen einer in-vitro-Fertilisierung.

Das Gesetz verbietet es in Deutschland, im Rahmen einer künstlichen Befruchtung oder Pränataldiagnostik genetische Anlagen für Erkrankungen, die erst im Erwachsenenalter auftreten, zu untersuchen.

Die Menschen würden gern steuern, welche genetischen Anlagen sie weitergeben; die Möglichkeiten der Pränataldiagnostik werden immer besser. Entsteht durch die Genforschung auch ein Druck, die genetische Aus-

stattung der Nachkommen zu optimieren? Ist das schon ein Trend?

In Deutschland gibt es eine sehr verantwortungsbewusste gesetzliche Regelung, die genetische Untersuchungen im Rahmen der Fortpflanzung auf schwerwiegende frühmanifeste Erkrankungen beschränkt. Auch die Paare, die zur genetischen Beratung in der Kinderwunsch-Phase oder Schwangerschaft kommen, haben in aller Regel den Wunsch nach weitgehendem Ausschluss gravierender erblicher Erkrankungen. Bis jetzt kann ich keinen Trend entdecken, der in Richtung »Designer-Babies« führen würde. »Luxusgenetik« wie historisch-geographische Analysen oder der Wunsch, nur das Beste zu vererben, werden bei uns kaum erfragt.

DNA-Tests für die Ahnenforschung

Wer familiäre Verhältnisse genau abklären möchte, hat heute auch die Möglichkeit, Gentests durchzuführen. Folgende Dienstleister können Ihnen dabei weiterhelfen:

Confidence DNA-Analysen GmbH
A - 1190 Wien, Hutweidengasse 22/1
Tel.: 0043 (0)1 368 4554
www.confidence.at

Genealogie-Service.de GmbH
Anne-Frank-Weg 23
61239 Ober-Mörlen
Tel. 06002/9920195
E-Mail: info@genealogie-service.de

www.igenea.com

Genedia AG
Biotec Services and Products
Schwanthalerstr. 60
80336 München
Telefon: 0 89/5 43 44 80
Telefax: 0 89/54 34 48 20
E-mail: info@genedia.de

www.rootsforreal.com

2. Schritt: Die Quellen um sich herum erfassen

Neben der Statuserhebung »aus sich heraus« (durch Erinnerungsprotokolle und Protokolle der Gefühlserbschaft) können Sie vorbereitend im ersten Schritt auch das an Quellen erfassen, was Sie selbst unmittelbar umgibt. Das Prinzip der Recherche zu Anfang lautet deshalb: **Erst das Naheliegende einsammeln, dann kann man die Kreise immer weiter ziehen und später auch Archive kontaktieren.** Stellen Sie sich Ihre Reise in die Vergangenheit also wie das Ausufern konzentrischer Kreise vor.

Doch was heißt: Erfassen, was Sie selbst unmittelbar umgibt? Es bedeutet, Quellen über die Vergangenheit in Ihrer Wohnung zusammenzutragen. Unser Quellenbegriff ist dabei sehr breit.

Quellen der Vergangenheit sind alles, was von Ihren Vorfahren an materiellen Spuren noch vorhanden ist. Dazu gehören Fotos, Kleider, Bilder, Möbel, Schmuck, Geschirr, Tagebücher etc. All das sollten Sie als Quellen ernst nehmen und später auswerten. Quellen spiegeln unser Leben. In Ihnen komprimieren sich viele Informationen über einen Menschen. Es sagt sehr viel aus, wenn jemand eine riesige Bibliothek hinterlassen hat. Allein der Besitz eines bestimmten Porzellan-Service kann Bände über den Status der Vorfahren sprechen.

Quellen werden Sie bestimmt finden, schließlich lebt kaum jemand in voraussetzungslosen Kontexten, also geschichtsfreien Räumen. Das können Sie

Was sind Quellen?

Unter Quellen versteht man »alle Texte, Gegenstände oder Tatsachen, aus denen Kenntnis der Vergangenheit gewonnen werden kann«, wie der Historiker Paul Kirn einmal formuliert hat. Quellen offenbaren die Vergangenheit nicht unmittelbar. Um Quellen zu verstehen, muss Quellenkritik betrieben werden – das kritische Hinterfragen, was eine Quelle wirklich aussagt, ob sie authentisch ist, welche Absichten mit ihr verbunden sind.

sich bei Ihrer Suche nach Informationen zu eigen machen. So begegnen Sie ständig Hinweisen aus der Vergangenheit, zu Hause und außerhalb, zum Beispiel auch durch Gräber, vielleicht Denkmäler oder andere »Erinnerungsorte«, die es in jeder Familie gibt. Dazu gehören auch Geburtshäuser und ähnliches. Sehr konkret und anschaulich wird es natürlich mit alten Fotos oder sogar Tagebüchern, die ein wahrer Schatz für Ihre Forschung sind.

Grüße aus der Vergangenheit können jedoch auch wesentlich subtiler sein: in Form von Legenden und Mythen, Gewohnheiten und Ritualen sowie politischen Gesinnungen (»Wir sind Arbeiter und wählen SPD«). Botschaften von gestern überliefern sich fragmentarisch oder in umfänglichen Botschaften, schriftlich oder mündlich, visuell oder habituell.

Der Umgang mit dieser durch Quellen überlieferten Vergangenheit ist nicht nur Angelegenheit der universitären Historikerinnen und Historiker. Die haben keinerlei Monopol darauf, Geschichte zu deuten. Es gibt viele Arten der Nutzung von Geschichte

Typische Quellen der Familienforschung

Neben mündlichen Quellen (Stichwort oral history) und monumentalen Quellen (Wohnhäuser, Grabsteine etc.) sind in der Familienforschung vor allem schriftliche und bildliche Quellen auszuwerten. Es gibt keine spezifischen genealogischen Quellen, aber Quellen, die für die Familienforschung besonders interessant sind und eigentlich für ganz andere Zwecke einmal angelegt und überliefert worden sind. Zu den besonders aussagekräftigen personengeschichtlichen Quellen gehören so genannte Egodokumente Ihrer Ahnen: Tagebücher, Briefe, Bilder, Filme, Kirchenbücher, Pfarrerverzeichnisse, Leichenpredigten, Zivil- und Personenstandsregister, Bürgerbücher, Universitäts- und Hochschulmatrikeln, Adressbücher oder Nachlässe (zu den personengeschichtlichen Quellen siehe das Kapitel dazu).

und deren Darstellung in Medien. »Der Umgang mit Geschichte nach den Regeln der Wissenschaft ist nur eine Variante unter vielen«, meint auch der bekannte Historiker Jürgen Kocka ganz bescheiden.[20] Insofern scheuen Sie sich nicht davor, selbst forschend in die Vergangenheit einzutauchen, wie dilettantisch auch immer Sie sich zunächst vorkommen mögen. Mit dieser zentralen Idee im Kopf können Sie sich auf den Weg machen, um das Vergangene kritisch im steten Wandel zu hinterfragen, sich dabei als furchtlose Fragestellerin und Fragesteller zu verstehen, die/der autonom forscht, um der historischen Wahrheit in aufklärerischer Absicht zu Leibe zu rücken und den Mythen des Familienalltags auf den Grund zu kommen.

Konkret heißt das an dieser Stelle: Was an Quellen vorhanden ist, muss zusammengetragen werden. **Fangen Sie in Ihrer eigenen Wohnung oder Haus damit an. Danach sind die Wohnungen der anderen Familienmitglieder dran.** Schaffen Sie einen Ort, wo Sie Ihre Ausbeute horten. Es reicht meistens ein eigenes Regal oder auch nur eine eigene Kiste, wo alles drin landet. Tagebücher sind gut einzusammeln und zu lagern. Schwieriger wird es, wenn bei Oma noch ein interessantes, aber riesiges Möbelstück steht: eine ganze Schrankwand – Urgroßvaters Meisterstück. In solchen Fällen machen Sie Fotos von allem, was Sie nicht unmittelbar zusammentragen können.

Bei den materiellen Quellen sollten Sie von Anfang an darauf achten, dass Sie den Überblick behalten. Wenn Ihre Familie klein ist und alles, was überliefert worden ist, ein einziges Tagebuch und wenige Fotografien sind, dann ist das einfach. Schnell können Sie aber größere Mengen an Quellen zusammentragen, wenn die Familie größer und sowieso Ihre Ahnen mitteilungsbedürftig waren. Dann wird es sinnvoll, die Quellen systematisch zu erfassen, wie die Archivare sagen. Und an dieser Stelle würde es sich spätestens lohnen, darüber nachzudenken, ob nicht einige »Helfer« her müssen.

3. Schritt: Das Handwerkszeug zulegen

Zur Familienforschung brauchen Sie einige Hilfsmittel – zur Texterfassung, zur Erfassung der Quellen und anderen Informationen. Das wichtigste Hilfsmittel haben wir bereits vorgestellt: Ihr Recherchetagebuch.

Was kommt dazu? Natürlich können Sie alles über Ihre Notizen und Protokolle hinaus auch auf Papier für sich archivieren, Kladden zum Schreiben kaufen, eine Zettelwirtschaft führen oder Karteikästen anschaffen. Einfacher wird es am Ende mit dem Computer, Internet und passender Software. Ja, wir wissen: Die folgenden Ausführungen sind für die meisten heute selbstverständlich, aber dennoch …

Ein internetfähiger Computer und die richtige Software gehören also zum notwendigen Handwerkszeug, bevor es richtig losgeht. Mit Word und Excel (auch als kostenfreie Open Office-Versionen im Netz als Download verfügbar, www.openoffice.de) kommen Sie sehr weit, das sollte absoluter Standard sein. Wenn Sie Bilder und Videos bearbeiten wollen, dann müssen Sie Ihren Rechner schon ein wenig aufrüsten. Willige Berater dazu gibt es in Ihrem Umfeld sicherlich. An Hardware empfehlen wir für die Komplettausstattung außerdem:

Eine gute **Digicam** – bei Ihren Forschungen werden Sie ständig fotografieren: das Elternhaus, Großelternhaus etc. Auch bei der Arbeit in Bibliotheken und manchen Archiven werden Sie die Digicam brauchen, um Seiten aus Büchern schnell zu kopieren oder Akten abzufotografieren. Die Digicam ist ein Muss.

Camcorder – wer seine Familiengeschichte multimedial dokumentieren will, geht einen Schritt weiter und filmt: die Interviews mit der Familie, Reisen in die Geburtsorte seiner Vorfahren etc. Gute Bilder machen bereits einigermaßen preiswerte Camcoder, wichtig ist jedoch der Ton. Achten Sie auf gute Mikros und vor allem die Möglichkeit, externe Mikros anstecken zu können.

Digitales Aufnahmegerät – immer gut für Interviews, als Notizbuch für die Ohren oder für Podcast-Liebhaber zur späteren Weiterverarbeitung.

Hilfreich ist eine spezielle **Genealogie-Software**, die Ihnen vieles einfacher machen wird. Zu empfehlen ist zum Beispiel die Online-Software von www.ancestry.de, mit der man Familienstammbäume erstellen, online weitere Nachweise ergänzen und Fotos und andere Dokumente den Personeneinträgen zuordnen kann. Mit der Software hat man auch Möglichkeiten, seine eigenen Einträge mit anderen im Netz zu teilen, um so Informationen auszutausche.

Mit diesen Requisiten ausgestattet sind Sie nun startklar für Ihre Reise.

Softwareempfehlungen

Computerprogramme unterscheiden sich neben Funktionsumfang und Aussehen vor allem in ihrem Preis. Wählen Sie für den Einstieg kostenfreie Programme. Ihre erstellten Datensätze lassen sich auch später noch auf andere komfortablere und komplexere Programme übertragen, sofern Daten im GEDCOM-Format organisiert werden.

Kostenlose Genealogiesoftware zum Einstieg: www.ahnenblatt.de, www.braess.eu, www.familienbande-genealogie.de, www.familysearch.org (engl.)

Für die sonstigen Aufgaben bei der Familienforschung gibt es für alles Brauchbare kostenlose Lösungen: www.openoffice.de (Textverarbeitung), www.gimp.org (Bildberarbeitung), www.audacity.de (Tonbearbeitung), www.virtualdub.org (Videoschnitt)

4. Schritt: Gespräche mit der Familie führen

Es ist soweit. Sie haben erste eigene Erinnerungsprotokolle erstellt, sich vielleicht einen kleinen Stammbaum erarbeitet, der vermutlich zwei bis drei Generationen zurückreicht. Sie wollen aber mehr erfahren als nur Daten und Wohnorte ihrer Verwandten. Vor allem wollen Sie wissen: Wer waren diese Leute vor Ihnen? Welche Liebe und Leidenschaft prägte Ihre Großmutter? Was erfüllte den Großvater mit Stolz? Wofür stand die Familie? Wie war sie angesehen? Was erzählte man im Dorf über die Vorfahren?

Sammeln Sie deshalb die vielen Geschichten in Ihrer Familie zu Ihren Vorfahren. Spüren Sie auch den Themen nach, die nicht so gerne angesprochen werden und fragen Sie sich immer: Was ist an Wissen über die Ahnen vorhanden? Wieso werden bestimmte Geschichten immer wieder erzählt? Welche Themen werden ausgeblendet? Denken Sie hier auch noch einmal zurück an unsere biografischen Figuren.

Was läge also näher, als Ihre Eltern und Großeltern oder aber auch ihre Tanten, Onkel und alte Bekannte der Familie einmal systematisch zu befragen, was diese noch über ihre Vorfahren wissen. Ausgestattet mit einer Reihe von wichtigen Tatsachen über ihre Familiengeschichte und haufenweise ungeklärter Indizien, die Sie in Ihren eigenen Erinnerungsprotokollen festgehalten haben, begeben Sie sich zu Ihren nächsten Verwandten.

Sie können natürlich ganz unverbindlich einfach so drauf los reden, mal hören, was dieser und jene so zu sagen haben. Wir empfehlen jedoch eine etwas systematischere Herangehensweise, die eng verwandt ist mit der Methode der Oral history.

Mit dem Interview – als Standardinstrument der Oral history – können Sie nicht nur grundlegende Fakten, wie Geburt, Heirat und Tod überprüfen, sondern Sie bekommen einen Einblick zur Lebens-, Gedanken-, und Gefühlswelt Ihrer Angehörigen, wenn Sie genau und sensibel nachfragen. Aber bedenken Sie immer: Oral history, also mündlich erzählte Geschichte, ist nicht das einfache Abbild der Vergangenheit. All unsere Erinnerungen sind vorgestellt, und all unsere Vorstellungen beruhen auf Erinnerungen, so erklärt die amerikanische Erfolgsautorin Siri Hustved ihren Zugang zu den Geschichten von früher. Sie erfahren die Lebensläufe der anderen damit aus einer Perspektive, die verzerrt oder idealisiert ist. Das heißt aber nicht, dass die Interviews für Sie unbrauchbar sind. Filtern Sie die Aussagen und ziehen Sie Ihre eigenen Schlüsse aus den Interviews. Sie müssen sich übrigens nicht nur auf Ihren Verwandtenkreis beschränken. Wenn Sie zum Beispiel wissen, wo einer Ihrer Vorfahren gelebt hat, suchen Sie den

Oral history

Oral history ist eine Methode der Geschichtswissenschaft, die seit den 1980er Jahren populär, aber bereits seit den 1930er Jahren angewandt worden ist. Sie basiert auf Interviews mit Zeitzeugen, wobei diese vom Historiker möglichst wenig beeinflusst werden sollen. Durch die mündliche Befragung von Zeitzeugen sollen persönliche Geschichtserfahrungen möglichst authentisch abgebildet werden. Der Alltag und der ganz subjektive Blickwinkel der Interviewten sind für die Oral history Forschungsgegenstand. Die Oral history ist vor allem im Gegensatz zur herkömmlichen Geschichtsschreibung entstanden, die ihren Fokus auf Ereignis-, Diplomatie- und Politikgeschichte gelegt hat. Aber damit sind viele Schichten der Bevölkerung immer aus dem Blickwinkel geraten. So ist die Oral history auch mit den Emanzipationsbewegungen der 1960er bis 1980er Jahre stark verwoben. Man befragte die, die bislang in der Geschichte als wenig aussagekräftig galten. Das selbst Erlebte und die eigene Erinnerung wurden zu Aussagen über das Vergangene. Die Oral history stellte nicht in den Mittelpunkt, »wie es gewesen ist«, sondern wie die Menschen Geschichte empfunden haben und beschreiben.

Michael Maurer, Aufriss der Historischen Wissenschaften: Mündliche Überlieferung und Geschichtsschreibung, Stuttgart 2003.
Josette Coehnen-Huther, Das Familiengedächtnis. Wie Vergangenheit rekonstruiert wird, Konstanz 2002.

Ort einfach mal auf und fragen in der unmittelbaren Umgebung, ob sich jemand erinnert. Dies kann gleichzeitig mit einem Ausflug übers Wochenende verbunden werden. Suchen Sie sich eine nette Pension in der Nähe und gehen Sie auf Erkundungstour und vergessen Sie nicht, einmal über den Friedhof zu schlendern und das Heimatmuseum zu besuchen. Dort können Sie eventuell noch auf weitere Verwandte stoßen, die Ihnen bisher unbekannt waren. Wenn Sie Glück haben, findet sich eine Person, die Ihre Verwandten kennt. Auch mit diesen Zufallsbekanntschaften können Sie ein Interview führen. Aber überfallen Sie sie nicht direkt. Stellen Sie sich zunächst einmal vor und erklären Sie Ihr Anliegen. Erzählen Sie ruhig etwas über sich und was sie bisher über Ihren Ahnen herausgefunden haben. Ihr Gegenüber muss schließlich Vertrauen zu Ihnen fassen. Das wird Ihm leichter fallen, wenn Sie auch etwas von sich preisgeben.

Wie gestalten Sie ein Interview?

Grundsätzlich können Sie Interviews unterschiedlich stark strukturieren. Sie können ganz offen und ungezwungen interviewen, vieles dem Zufall überlassen oder aber auch sehr planerisch vorgehen. Wenn Sie reine Informationsgespräche führen, die nur auf die Überprüfung einiger Fakten hinauslaufen, ist eine großartige Vorbereitung nicht notwendig. Wenn es jedoch darum geht, ein ganzes Leben zu erfragen, empfehlen wir unbedingt eine Vorbereitung.

In 7 Schritten zum Zeitzeugeninterview

1. Schritt: Vorbereitung auf das Interview

Die mündlichen Formen der Geschichtsforschung erfordern eine hohe Sorgfalt bei der Interpretation, weil die persönliche Wahrnehmung der Befragten von vielen Einflüssen abhängt (u.a. Stimmung, emotionale Betroffenheit, politische Einstellung, Weltanschauung, Erinnerungsfähigkeit, damaliger Informationsstand).

Die Methodik der Gespräche, die im Regelfall aufgezeichnet werden, kann sehr verschieden sein:

- *durch Fragen gelenktes Erinnerungsinterview (Modell des abrufbaren Gedächtnisses)*
- *mit oder ohne Vorbereitung der Interviewten,*
- *Animation zur Erinnerungsarbeit durch möglichst wenige, offen lassende Fragen und Raum für Spontaneität,*
- *Verwendung von Erinnerungsstützen (Tagebuch, Fotoalben, persönl. Sammelobjekte etc.)*
- *Art der Nachbereitung (Analyse der Geschehnisse, Prüfen auf Wichtigkeit und Schlüssigkeit, Widersprüche, Vorurteile, Werturteile usw.)*

In einem weiteren Schritt müssen folgende Dinge geklärt werden: Wer ist mein Interviewpartner? Was weiß ich über meinen Interviewpartner? Mit welchem Erkenntnisinteresse gehe ich an meinen Interviewpartner heran? Wie sieht der Leitfaden aus, mit dem ich meinen Interviewpartner befrage?

Es ist ratsam, gut informiert in ein Interview zu gehen. Zum einen wird ein Gespräch dann einfacher fallen, weil einzelne Stichworte genauer zugeordnet werden können und nicht bei jeder Detailinformation nachgefragt werden muss. Zum anderen wird der Interviewpartner das Gefühl haben, verstanden zu werden, was maßgeblichen Einfluss auf die Erzählung des Interviewten hat. Die Initiierung einer biografischen Erzählung wird dadurch erleichtert. Menschen erzählen die Biografie, die für sie selbst am erträglichsten ist. Das bedeutet: Es kommt zu Verzerrungen und Idealisierungen. Aber gerade in der Subjektivität der Aussagen liegt der Wert von Zeitzeugeninterviews. Diesen individuellen Deutungen und Lebensinterpretationen nachzuspüren, ist eines der Hauptanliegen der Zeitzeugenforschung. Für die Vorbereitung ist dieser Gedanke zentral, weil dadurch auch eine generelle Haltung gegenüber den Zeitzeugen geprägt wird.

2. Schritt: Leitfadenerstellung

Bevor Sie in ein Interview gehen: Erstellen Sie einen Gesprächsleitfaden. Der Leitfaden nimmt eine wichtige Rolle ein. Der Leitfaden ist:

- *ein »roter Faden«*
- *Hilfe bei besonders anspruchsvollen Gesprächen*
- *Rückzugsmöglichkeit bei ausufernden Gesprächen*
- *ein Drehbuch, um alle Eventualitäten des Gesprächsverlaufes zu simulieren*

Der Einsatz eines Leitfadens bedeutet, dass eine bestimmte Art von Interview durchgeführt wird: Es handelt sich um eine offene, halbstrukturierte Befragung (im Gegensatz zum narrativen Interview, in dem sich der Interviewer fast vollständig zurückzieht und keine aktive Rolle im Interview spielt, dadurch aber wenig problemzentrierte Interviews produziert).

Der Leitfadenerstellung gehen folgende Schritte voraus:

- *Problemanalyse (was will ich erfahren?)*
- *Auswahl und Ausformulierung von Fragen*
- *Reihung/Gewichtung der Fragen*

Wichtig ist, dass die Fragen für Zeitzeugeninterviews nicht statisch der Reihe nach abgehakt werden. Dieses Vorgehen würde die Gesprächssituation empfindlich stören und die Erzählkraft des Interviewten behindern. Der Grundsatz ist, das Gespräch so offen wie möglich zu gestalten, aber so stark zu lenken wie es nötig ist, damit Gespräche nicht ausufern und die eigene Fragestellung und das Erkenntnisinteresse nicht verloren geht.

Man sollte den Leitfaden thematisch beschränken und nicht überfrachten. Zehn Themenblöcke sind bereits sehr viel für ein Gespräch. Diese Themenblöcke können je nach Gesprächsverlauf in das Gespräch eingebracht werden – nämlich dann, wenn es gerade passt. Diesen Zeitpunkt abzupassen, setzt eine **aktiv-zuhörende,**

aufmerksame und einfühlsame Gesprächsführung voraus.

Es hat sich in der Praxis immer wieder als vorteilhaft erwiesen, am **Anfang locker einzusteigen**, die Stimmung aufzuhellen, seine eigene Neugier zu bekunden und mit einer unverfänglichen, **allgemein gehaltenen Einstiegsfragen** in die Thematik (Sondierungsfrage) zu beginnen. Diese Frage sollte – wie grundsätzlich alle Fragen – offen sein. Das heißt, sie müssen so formuliert sein, dass nicht nur mit ja oder nein geantwortet werden kann. Die Fragen müssen immer einen erzählgenerierenden Charakter tragen – außer es geht natürlich um konkrete Detailinformationen.

Verfängliche Fragen (bspw.: Wieso hast du dich mitten im Krieg von deinem ersten Mann getrennt?) sollten grundsätzlich immer im letzten Drittel des Interviews abgefragt werden, wenn sich bereits Vertrauen aufgebaut hat.

Leitfadenkonzept praktisch:

- *Schreiben Sie sich die Einstiegsfrage ausformuliert auf.*
- *Definieren Sie die Themen, die Sie im Interview interessieren und schreiben Sie diese stichwortartig der Reihe nach auf*
- *Heikle Fragen möglichst ausformulieren*
- *Gucken Sie, dass der Leitfaden möglichst auf eine DIN A 4-Seite passt (den Zettel kann man gut überblicken und beim Interview ohne Gesuche und Geraschel neben sich legen)*

3. Schritt: Interviewführung

Faustregeln fürs Interviewen:

- *Der Person des/der Befragten Wertschätzung entgegenbringen*
- *Zuhören statt reden, entspannte Interviewsituation herstellen (aktives Zuhören)*
- *Sich am Leitfaden orientieren, sich aber nicht sklavisch an den Leitfaden klammern*
- *Zeit haben und nachfragen*
- *Lange, uneindeutige Fragen und Suggestivfragen vermeiden*
- *Enden bevor der Befragte ermüdet*

Also: Nicht zwanghaft ein perfekt geführtes Interview nach Hause bringen wollen, sondern sich während des Interviews spontan auf die Ausführungen der interviewten Person einlassen. **Man sollte sich auf die Alltagskompetenz der Gesprächsführung verlassen.** Geduldig und aufmerksam zuhören und Pausen zulassen; ein überspanntes Zuhören aber möglichst vermeiden. Zustimmung und Aufmerksamkeit signalisieren durch Phrasen und Gesten wie »Ja, genau«, »Ach, ja?«, »hm«, Kopfnicken, Augenkontakt etc.

Bei der Formulierung von Fragen bereits Dargelegtes aufgreifen. Einen zu **direktiven oder dominanten Gesprächsstil vermeiden**. Auch Ausführungen zulassen, die einem während des Interviews als für die spätere Analyse wenig ergiebig erscheinen. (Vieles wird sich später als aufschlussreich erweisen!). Das Geschilderte paraphrasieren. Der Interviewte sieht sich hierdurch zu Konkretisierungen oder Spezifizierungen veranlasst. (»Dann bist du also für längere Zeit im Tschad gewesen, ja?«).

Es ist zulässig, dem Interviewten Deutungsangebote zu unterbreiten. (»Ist das jetzt so zu verstehen, dass…«). Belehrende oder moralisierende Konfrontationsfragen möglichst vermeiden (»Finden Sie nicht, dass das jetzt ein wenig rassistisch ist?«). Sie Ungefährden dadurch das Gesprächsbündnis. Die Unterbreitung eigener Bilder und Vorstellungen, die durch das Erzählte hervorgerufen werden, kann erzählstimulierend wirken: (»Ich stelle mir dieses Tal, wo Sie herkommen, ziemlich eng vor«; »Ich stelle mir das ziemlich anstrengend vor, so den ganzen Tag am Schalter zu stehen«).

Wenn Interviewpartner zu sehr abdriften, muss man sie wieder thematisch einfangen. Pausen zulassen, nicht drängen. Klare Struktur vorgeben, das Interview nicht endlos werden lassen. Bei fehlendem Erinnerungsvermögen nicht krampfhaft nachfragen und drängen. Eventuell kann zu einem späteren Zeitpunkt auf einen Aspekt wieder eingegangen werden. Zeitzeugeninterviews entwickeln manchmal die Dynamik, den Interviewer zum Komplizen des Lebens vom Interviewpartner werden zu lassen, was problematisch werden kann. Man wird nicht mehr weggelassen und wird emotional stark eingebunden. Immer eine gewisse Distanz wahren, damit die Rollen nicht vertauscht werden.

4. Schritt: Technische Voraussetzungen, Umgang mit Geräten

Heutzutage werden für Interviews am besten digitale Aufnahmegeräte verwendet, da Daten automatisch digitalisiert werden und die Weiterverarbeitung leichter fällt. Ausführliche Informationen zu unterschiedlichen Aufnahmegeräten bietet das Portal www.audiotranskription.de.

5. Schritt: Digitalisierung von Daten

Liegt das Gespräch als digitale Datei vor, kann man sie auf den PC übertragen, um von dort aus die Transkription zu machen – was etliche Vorteile bietet. Die Aufnahmen lassen sich mit dem USB-Kabel des Aufnahmegerätes direkt auf den PC übertragen. Das Dateiformat ist in aller Regel MP3, WMA oder wav. Analoge Aufnahmen können Sie übrigens ganz einfach über ein Kabel (verbindet analoges Aufnahme-

Tipps fürs Zeitzeugeninterview

Neben dem Leitfaden einen Schreibblock und Stift neben sich legen. Wenn bspw. der Interviewpartner über Minuten erzählt, fallen evtl. Stichworte, auf die man wieder zurückkommen möchte. Eh man sie vergisst, besser aufschreiben. Das Mitschreiben von Stichworten signalisiert außerdem Aufmerksamkeit. Allerdings bedeutet das Mitschreiben von Stichworten für manche nicht unbedingt eine Erleichterung der Gesprächsführung. Man muss dem Interviewpartner Aufmerksamkeit schenken (aktives Zuhören), die Technik im Auge behalten, den Leitfaden im Blick haben und evtl. auch noch Stichworte aufschreiben – Multitasking-Gefahr! Und: Wenn man ungeübt ist, sollte man die Interviewsituation mit Technik etc. vorher einmal durchspielen.

gerät mit dem Mikro-Line-in des PC) digitalisieren. Kostenlose Software finden Sie im Netz, zum Beispiel www.no23.de.

6. Schritt: Transkriptionssysteme

Die Transkription, also die Verschriftlichung verbaler Daten, die in Form von Audio- und ggf. Videoaufnahmen vorliegen, ist oft notwendige Vorraussetzung für den qualitativen Analyseprozess. Hierbei stehen Auswertungsverfahren, Forschungsansatz und Transkriptionssystem in einem engen Zusammenhang. Während eine inhaltliche Wiedergabe für manchen Forschungsansatz angebracht ist, benötigen andere Settings eine schriftliche Darstellung, in der auch sprachliche Besonderheiten (Phänomene der Mündlichkeit) wie Intonation, Lautstärke und Auslassungen sichtbar werden. Demnach richtet sich die angemessene Form einer Transkription immer nach dem methodischen Hintergrund.

Machen Sie es sich aber nicht zu kompliziert. Es gibt sowieso keine einheitlichen Transkriptionsregeln! Es gibt ganz unterschiedliche Systeme, die je nach Sinn und Zweck eines Interviews festgelegt werden können. Transkribieren kann Tage dauern. Pro Interviewstunden rechnet man mit ca. 3x so viel Zeit für die Transkription. Das kann ein Argument für relativ einfache Transkriptionssysteme sein – oder dafür, Interviews auch nur zum Teil zu transkribieren.

7. Schritt: Transkription

Alle Interviews werden am besten mit folgenden Daten versehen:

- *Interviewer*
- *Datum*
- *Ort*
- *Kurze einleitende Passage über Umstände des Interviews und Kontakt zu Interviewpartner*
- *Kurze Passage zu Interviewpartner (biografische Standardinformationen: Alter, Wohnort, Geschlecht)*

Die Tondatei wird über einen gängigen Media Player abgespielt (bspw. Windows Media Player). Besonders gut geeignet ist der f4-Player, der speziell für Transkriptionen programmiert worden ist. Der f4-Player erlaubt, die Geschwindigkeit von Tondateien zu regulieren, was insbesondere bei Transkriptionen Gold wert ist. Den f4-Player gibt es als kostenlosen Download: www.audiotranskription.de/f4_download.php

Vorschlag Transkriptionsregeln
(angelehnt an Hoffmann-Riem, Christa (1989)[21]:

Zeichen	*Bedeutung*
...	Pause
/äh/	Planungspause
wichtig	Auffällige Betonung
W i c h t i g	Gedehntes Sprechen
( )	Unverständliche Passage
((Ereignis))	Nicht-sprachliche Handlungen
[Paraphrasierung]	Zusammenfassung

Lesetipps zum Thema Zeitzeugeninterviews:

Martin Doerry, Monika Zucht (Fotografien),
Nirgendwo und überall zu Haus. Gespräche mit Überlebenden des Holocaust, München 2006.

Lutz Niethammer,
Lebenserfahrung und kollektives Gedächtnis. Die Praxis des »Oral History«. Frankfurt am Main 1980. (das ist der absolute Klassiker auf dem Gebiet, aber sehr wissenschaftlich)

Wolfgang Pledl et al. (Hg.)
Heute Quellen schaffen für morgen. Befragen - Dokumentieren - Sammeln – Fotografieren, München 2006.

Muster Leitfaden für Interviews

Einstiegsfrage

Themenblock 1: Leben des Interviewten; grundlegende Daten

- *Erfragen Sie grundlegende Daten, wie Name, Konfession, Beruf zum Lebenslauf des Interviewten.*
- *Beispielfrage: »Wie lautet dein voller Geburtsname?«*

Themenblock 2: Leben des Interviewten in einer Erzählung

- *Fragen Sie nach herausragenden Ereignissen im Leben.*
- *Lassen Sie sich Anekdoten erzählen.*
- *Fragen Sie nach wichtigen Menschen und Orten, nach Hobbys, liebgewonnenen Haustieren und Lieblingsbüchern.*
- *Beispielfrage: »Kannst du dich daran erinnern, wo du mit XY gespielt hast?« (So erfahren Sie Ortsangaben)*

Themenblock 3: Kontexte herstellen

- *Erfragen Sie grundlegende Daten zu Familienangehörigen und Ereignissen.*
- *Beispielfrage: »Wer war alles auf der Hochzeit/Beerdigung von XY.«*

Themenblock 4: Informationen zu bestimmten Ahnen

- *Gehen Sie nun auf eine bestimmte Person ein, die Sie interessiert. Vielleicht haben Sie noch ein Erbstück dieser Person gefunden, dass als Erinnerung stützender Impuls genutzt werden kann.*
- *Beispielfrage: »Weißt du noch, wo deine Urgroßmutter geboren wurde?«*

Themenblock 5: Graben Sie tiefer

- • *Wenn Sie das Glück haben, dass sich Ihr Verwandter an einen Ahnen erinnern kann, starten Sie den Versuch, nähere Informationen zu dieser Person zu erhalten.*
- *Beispielfrage: »Kannst du dich noch an Situationen erinnern, in denen dich XY stark geprägt hat?«*

5. Schritt: Internet-Genealogie

Im Internet finden sich zahlreiche Themenportale zur historischen Familienforschung, die erste Anlaufstelle auf Ihrer weiten Reise sein sollten. Die umfangreichsten sind:

1. www.ahnenforschung.net
2. www.genealogy.net
3. www.ancestry.de

Über die Webseite www.genealogy.net erhalten Sie Zugriff auf umfangreiche Datenbanken des Vereins für Computergenealogie. Die Webseite www.ahnenforschung.net ergänzt das Angebot des Vereins für Computergenealogie um zahlreiche nationale und internationale Datenbanken. Der Zugriff auf Datenbanken im Internet erfolgt über Suchmasken, in die Sie, je nach Datenbank verschiedene Informationen, wie Name, Vorname, Ort eingeben können.

Wie sollten Sie dabei vorgehen? Es ist wieder wichtig, systematisch vorzugehen. Beginnen Sie, Person für Person, Generation für Generation abzuarbeiten. Bedenken Sie, dass sich etwa Schreibweisen verändern können.

Neben den Datenbanken findet man im Internet zahlreiche Webseiten, die historische Landkarten anbieten. Überprüfen Sie mittels dieser Karten, ob angegebene Wohnorte mit den Namen, die Sie aufgenommen haben, für die entsprechenden Zeiträume zu finden sind. Suchen Sie darüber hinaus nach detaillierten historischen Karten von Ortschaften. Hier überprüfen Sie, ob Ihre bereits eingetragen Adressen existiert haben können.

Für aktuelle Themen und lebende Verwandte können übrigens soziale Netzwerke wie Facebook durchaus interessant werden – so haben wir die Erfahrung gemacht, dass über Namenssuchen verloren gegangene Familienlinien gefunden werden konnten. In Zukunft wird das Internet eine immer größere Rolle als Quelle spielen. Wie früher Menschen ihre Spuren in den Kirchenbüchern hinterlassen haben, so werden wir wohl bald Facebook, Twitter und Co. als digitale Personenstandsquellen auswerten können. Computergenealogie wird dann um einen Aspekt reicher.

6. Schritt: Behördenauskünfte einholen und Kirchenämter kontaktieren

Langsam können Sie sich auch außerhalb der eigenen Familie kundig machen. Personeninformationen lagern in zahlreichen Behörden. Menschen verfangen sich ja gewissermaßen im Netz der Bürokratie und hinterlassen dabei Spuren. Für die Familienforschung sind die Zivilstandsregister sowie die Pfarrämter der Kirchen besonders interessant.

In Deutschland wurden ab 1875/76 erstmals für alle Standesämter verbindlich die Personenstandsregister eingeführt. Der moderne Staat wollte halt wissen, wer zu seinen Bürgerinnen und Bürgern gehörte. So wurden alle erfasst und Geburts-, Heirats- und Sterbeakte chronologisch in die Personenstandsregister eingetragen. Der Staat übernahm damit, was vorher Aufgabe der Pfarrämter mit ihren Kirchenbüchern gewesen war.

Das Standesamt ist also eine wichtige Anlaufstelle für Sie, auch wenn es keine Ahnenforschung für Sie betreiben wird, sondern lediglich Auskünfte erteilt, wenn es die Personenstandsregister des Gesuchten selbst führt. Hinzu kommt: Die Auskunft aus dem Personenstandsregister unterliegt dem Datenschutz nach Paragraph 62 Personenstandsgesetz (PStG) – nicht jeder kann ohne weiteres Auskunft bekommen.

Die Standesämter können Auskünfte aus Geburten-, Ehe-, Lebenspartnerschaft-, Sterberegistern, Familienbüchern und den dazugehörigen Sammelakten geben, wenn der sogenannte Personenstandsfall (Geburt, Eheschließung, Lebenspartnerschaft, Tod) im Standesamtsbezirk eingetreten ist bzw. stattgefunden hat. Recht auf eine standesamtliche Auskunft haben:

- *Die/der Betroffene selbst*
- *Ehegatten oder Lebenspartner (nicht bei geschiedener Ehe oder aufgelöster Lebenspartnerschaft)*
- *Direkte Nachfahren, also Kinder, Enkel, Urenkel usw. der betroffenen Person*
- *Direkte Vorfahren, also Eltern, Großeltern, Urgroßeltern usw. der betroffenen Person*
- *Geschwister*
- *Personen mit schriftlicher Vollmacht von auskunftsberechtigten Personen*
- *Jemand, der ein berechtigtes Interesse an der Urkunde belegen kann (bspw. im Rahmen universitärer Forschung)*

Die Auskunft kann persönlich oder schriftlich beantragt werden unter Vorlage des Personalausweises oder Reisepasses, gegebenenfalls einer Vollmacht. Wenn Sie sich an ein Standesamt wegen Auskünften aus Personenstandsregistern wenden, dann geben Sie immer alle Ihnen bekannten Informationen exakt an:

- *Vor- und Familiennamen gegebenenfalls Geburtsnamen der beurkundeten Person*
- *Datum der Eheschließung, der Lebenspartnerschaft, der Geburt oder des Sterbefalls*

Über die Verwandtschaftsverhältnisse oder das berechtigte Interesse wie z. B. Testamentseröffnung oder Forschung müssen Sie in der Regel einen entsprechenden Nachweis beifügen.

Das Standesamt lagert seine Akten übrigens nicht für die Ewigkeit: Die Führung der Personenstandsregister ist zeitlich begrenzt. Für Geburten auf 110 Jahre, für Heiratsregister 80 Jahre, für Sterberegister 30 Jahre, und Lebenspartnerschaftsregister gibt es ja erst seit dem 1. August 2001, das Register wird wahrscheinlich auch 80 Jahre beim Standesamt geführt.

Also: Zum Standard bei der Familienforschung gehört auf jeden Fall, dass Sie die Standesämter der Orte, in denen Vorfahren gelebt haben, anschreiben. Manchmal kommen dabei völlig unbekannte Dinge zum Vorschein, wie bei einem Bekannten, bei dem das Heiratsregister die Eltern des Brautpaars nannte, mit Lebensdaten und Geburtsorten. Und genau dieser Geburtsort der Urgroßeltern gab plötzlich ein riesiges Rätsel auf, denn genannt wurde die »Kolonie

Tatar« im Register. So ein Fund ist dann gleich Anlass zur Recherche über die er auf die so genannten Dobrudschadeutschen stieß, die im 19. Jahrhundert am Westufer des Schwarzen Meeres siedelten und 1940 im Rahmen der »Heim ins Reich«-Politik der Nationalsozialisten nach Deutschland umsiedelten. Dieser Umstand war im Familiengedächtnis vollkommen verloren gegangen, niemand wusste davon. Das Heiratsregister hatte diese aufregende Geschichte mit einem Mal hervorgezaubert.

Eine weitere Standardabfrage kann bei den Kirchämtern gemacht werden. Bis zu der Zeit, als der Staat sich der Registrierung seiner Bürgerinnen und Bürger annahm, hatten meist die Kirchen Buch geführt über Geburten, Taufen, Hochzeiten, Tod. In den protestantischen deutschen Länder war die Pflicht, Kirchenbücher zu führen, im 16. Jahrhundert eingeführt worden. Für die katholischen Länder bestimmte das Trienter Konzil von 1563, dass jede Gemeinde ein Tauf- und Ehebuch einführen müsse. Sterberegister schreibt erst das Rituale Romanum von 1614 in den katholischen Ländern vor.

Die Kirchenbücher, auch Matriken, catalogus oder matricula genannt, sind also für die Zeit vor Einführung der staatlichen Personenstandsregister die Referenz für die wichtigsten biografischen Stationen eines Menschen. Allerdings: Die meisten Kirchenbücher sind im 30-jährigen Krieg zerstört worden (1618-1648), so dass Sie kaum über diese Zeit hinauskommen werden. Kriege bedeuteten nicht nur den Tod von Millionen Menschen, sie vernichteten vielfach auch jegliche Spuren, die unsere Vorfahren hinterlassen haben.

Wenn Sie jedoch Kirchenbücher in den Gemeinden der Geburt, Taufe, Hochzeit, Tod Ihrer Vorfahren ausfindig machen können, können Sie sich glücklich schätzen, wenn diese protestantisch waren, denn dann sind die Kirchenbücher in deutscher Sprache geführt worden. Katholische Kirchenbücher dagegen wurden weit bis ins 19. Jahrhundert noch auf Latein geführt. Die Kirchenbücher lagerten bei den Pfarreien, Abschriften bei den übergeordneten Superintendenturen. Im Rheinland finden sich Kirchenbücher auch aus der Zeit vor 1800 bei den Bürgermeistereien, Standesämtern oder Gerichten – Napoleon lässt grüßen.

Wenn Sie die Kirchenbücher als Quellen auswerten wollen, müssen Sie zuerst wissen, wo Ihre Vorfahren gelebt haben und zu welcher Kirchengemeinde sie gehört haben. Haben Sie die zuständige Gemeinde ermittelt, fragen Sie am besten schriftlich nach, ob und wann Sie die Kirchenbücher einsehen könnten. Zur Klärung der Frage, ob für Sie relevante Kirchenbücher überliefert worden sind (also die Jahrhunderte überlebt haben), können Sie auch in der Bibliothek so genannte Kirchenbuchverzeichnisse auswerten. Meist wird in den Kirchenbuchverzeichnissen nach alten Territorialgrenzen oder Grenzen der Bistümer aufgelistet, wo sich welche Kirchenbücher befinden. Das ist eine große Hilfe und erspart, gegebenenfalls bei vielen verschiedenen Pfarrämtern vergeblich anzufragen bis man endlich fündig wird. Die Kirchenbuchverzeichnisse recherchieren Sie über den Katalog Ihrer lokalen öffentlichen Bibliothek.

Haben Sie die für Sie relevanten Kirchenbücher identifiziert, können Sie sich glücklich schätzen. Haben Sie einen Termin zur so genannten Sichtung abgemacht, wird sich bei den meisten jedoch bald Ernüchterung einstellen. Denn: Kirchenbücher sind natürlich nicht alle durch alphabetische Register erschlossen, was den Umgang und die Recherche schwierig macht. Selbst wenn Sie mit den vorher recherchierten, manchmal auch nur vagen Lebensdaten Ihrer Vorfahren mehr oder weniger gezielt auf die Einträge bestimmter Jahre in den Kirchenbüchern zugreifen können und Sie somit tunlichst NICHT alle Kirchenbücher von vorne bis hinten durchblättern: Sie werden die Angaben in den Kirchenbüchern erst entschlüsseln müssen:

- *Prüfen Sie genau, auf welchen Akt sich die Jahreszahlen in den Büchern beziehen (Ehe, Taufe, etc.)*
- *Wenn die Konfession nicht angegeben ist, können Sie meist davon ausgehen, dass die im Kirchenbuch erfassten Personen Angehörige der Konfession des kirchenbuchführenden Pfarramtes waren*
- *Ein neugeborenes Kind erhielt oft die Vornamen des vor ihm/ihr verstorbenen Geschwisters, weshalb immer geprüft werden muss, welches der gleichnamigen Geschwister überlebt hat. Enkel erhielten oft die Vornamen der Großeltern, so dass es auch hier zu Doppelungen kommen kann.*

- *Aus den gegebenenfalls angegebenen Taufpaten lassen sich wichtige Verwandtschaftsbeziehungen rekonstruieren*
- *Lebendgeborene, aber in den ersten Tagen verstorbene Kinder wurden oft ohne Geschlecht erfasst*
- *Totgeborene Kinder finden sich nur in den Begräbnisbüchern, nicht im Taufbuch*
- *Einträge über uneheliche Kinder und Findelkinder stehen auf dem Kopf in den Kirchenbüchern – wie auch Einträge in den Totenbüchern über ungetauft verstorbene Kinder, Selbstmörder, im Duell Getötete, Ungläubige, Verbrecher, Sünder*
- *Einträge sind insgesamt nicht immer detailliert. Machen Sie sich gefasst auf Einträge wie »Gestorben ist ein Mann von 23 Jahren, der Fischer im Ort XY war« – Ihre Kombinationsgabe wird da vielfach gefordert sein*
- *Taufen finden in der Regel unmittelbar nach der Geburt statt, in katholischen Gegenden oft auch noch am Tag der Geburt selbst statt, entsprechend können Sie die Recherchestrategie in Geburts- und Taufbüchern gestalten*
- *Geschiedene Frauen sind vielfach als Witwen eingetragen, auch wenn der geschiedene Mann noch lebte*
- *Ist in Kirchenbüchern von »Mischehen« die Rede, sind Ehen zwischen Katholiken und Protestanten gemeint*
- *Sofortige Beerdigung am Sterbetag lässt auf Krankheiten, insbesondere Epidemien schließen (Cholera, Pest etc.)*
- *Altersangaben beruhen oft auf vagen mündlichen Aussagen der Verwandten*

- *Wenn Sie keinerlei Einträge zu kirchlichen Handlungen im Leben Ihrer Vorfahren finden, muss das nicht heißen, dass diese Akte nicht stattgefunden haben. Einträge fehlen in Zeiten des Kriegs, bei Tod des Pfarrers und Vakanz der Pfarrstelle und aus vielen anderen Gründen*
- *Akten sind fehlerhaft, rechnen Sie also immer mit dem Menschlichen. So haben Pfarrer oft in den ersten Januartagen vergessen, die neue Jahreszahl niederzuschreiben, es gibt Zahlendreher, Schreibfehler etc. Mitdenken tut Not!*[22]

Sie haben kein Glück mit Ihren Anfragen bei Standes- oder Pfarrämtern, weil die Aufhebungsfristen abgelaufen sind oder Register und Bücher aus konservatorischen Gründen abgegeben werden mussten?

Dann steht der nächste Schritt an: Nutzen Sie die zahlreichen Archive, die Ihnen für die Familienforschung zur Verfügung stehen. Akten der Standesämter landen meist im Stadtarchiv/Gemeindearchiv, manchmal auch in übergeordneten Archiven wie Kreis- oder Landesarchiven. Kirchenbücher gehen in die Bestände der evangelischen Landeskirchämter/-archive über bzw. (im Falle der Katholiken) in die Diözesanarchive der

Literatur zum Entschlüsseln von Kirchenbüchern

Paul Lachat,
Lateinische Bezeichnungen in alten Kirchenbüchern,
Neustadt 1960.

Roger P. Minert, u.a.,
Alte Kirchenbücher richtig lesen:
Hand- und Übungsbuch für Familiengeschichtsforscher,
Wuppertal 2004.

Bistümer. Außer den oben beschriebenen Personenstandsregistern finden Sie in Archiven aber noch unendlich viele weitere Quellen. Archive sind wie Meere voll von Informationen – wenn Sie darin reiche Beute machen wollen, müssen Sie zielgerichtet vorgehen...

7. Schritt: Arbeiten im Archiv

Ihr eigenes kleines Archiv – Ihre Wohnung, Ihr Haus, Dachboden und Keller – haben Sie ja bereits schon durchstöbert und hoffentlich zahlreiche Quellen der Vergangenheit gefunden. Das, was Sie in den eigenen vier Wänden an Informationen gewinnen können, genauso wie die Informationen aus dem Internet, ist begrenzt. Bei Behörden und Kirchenämtern sind Sie nur teilweise weitergekommen. Dann steht der nächste Schritt an: Es gibt eine Reihe von staatlichen und kirchlichen, in manchen Fällen auch private Archive, die Ihnen bei der Suche nach Informationen behilflich sein können.

Das Archiv (lat. archivum; griech. archeion) bedeutet nach seiner Herkunft so viel wie Regierungs- oder Amtsgebäude. Heutzutage bezeichnet das Archiv in erster Linie eine Einrichtung, die eine Vielzahl verschiedener Dokumente, die aus Verwaltungsvorgängen entstanden sind, verwahrt. Dazu zählen u.a. Schriftstücke, Landkarten sowie Bild-, Ton- und Videodokumente, die heutzutage bereits in elektronischer Form archiviert werden. Es gibt Stadtarchive, Landesarchive,

Staatsarchive, Kirchenarchive, Literaturarchive, Wirtschaftsarchive, Universitätsarchive, Medienarchive und Archive von Verbänden, Parteien und Vereinen sowie verschiedenster weiterer Vereinigungen. Sie alle sind historische Wissens- und Informationsspeicher.

Woher erfahren Sie nun, welche Archive eventuell Akten zu Ihrer Familiengeschichte halten? **Sie müssen erst einmal klären, wo und in welchen Kontexten Ihre Vorfahren sich im Dickicht des öffentlichen Lebens verfangen haben könnten und Spuren hinterlassen haben. Wichtigster Anhaltspunkt dazu sind Wohn- und Arbeitsorte.** Landesherren und der moderne Staat wollten schon relativ frühzeitig wissen, wer sich wo in seinem Territorium aufhält – meist war das aus Gründen des Steuereintreibens motiviert. An Wohnorten wurden aber vielleicht auch Anträge bei Behörden für den Hausbau eingereicht, gab es Gerichtsverfahren wegen einer Straftat, die ein Vorfahr verübt hat. Sie wissen selbst: Vieles von dem, was wir tun, wird von staatlichen Stellen erfasst. Nach Ablauf bestimmter Fristen wandern Akten öffentlicher Einrichtungen an Archive. Um alten Aktenvorgängen auf die Spur zu kommen, müssen Sie klären, welche Behörden oder Ämter an welche Archive abliefern. Städtische Einrichtungen liefern ans Stadtarchiv ab, Landesbehörden ans Landesarchiv, Bundesbehörden ans Bundesarchiv.

Aber machen wir es konkret: Sie stoßen auf einen Vorfahren, der Gründer eines Kolonialwarengeschäfts in Bremen war, sich politisch engagierte und lokale öffentliche Ämter bekleidete, im zuständigen Handelsverband aktiv war und eine wichtige Rolle in seiner Kirchengemeinde und dem Taubenzüchterverein spielte. Man erzählt sich, dass dieser Vorfahr sowas wie eine lokale graue Eminenz der SPD war, aber da ist auch der schwarze Fleck der Familiengeschichte: Irgendwas lief da mit der DDR, von Stasikontakten ist die Rede.

Wenn Sie die institutionelle Verfangenheit Ihrer Vorfahren in dieser Weise definieren können, haben Sie schon fast gewonnen, denn daraus ergeben sich Ansätze zur vertiefenden Recherche. Gehen wir dem Fallbeispiel nach.

Über den Beruf dieses Ahnen können Sie zahlreiche Informationen finden in der Literatur. Kolonialwarenläden waren ein Phänomen des Kaiserreiches, sie boten Waren an, die aus den Kolonien meist stammten: Zucker, Kaffee, Tee. Aus Studien über den Kolonialwarenhandel können Sie Schlussfolgerungen ziehen darüber, wie sich der berufliche Alltag Ihres Ahnen gestaltete. Kolonialwarenhändler waren die Vorhut in der langsam entstehenden Konsumgesellschaft, in der sich immer mehr Menschen Luxuswaren wie Kaffee leisteten. Gerade für Bremen gibt es einiges an Literatur über den Überseehafen und bekannte Handelshäuser wie Jacobs. Vielleicht finden sich Parallelen zur Arbeit Ihres Ahnen. Wer ein Geschäft betrieb, musste sein Geschäft anmelden – in den Akten des Gewerbeamts lassen sich bestimmt Unterlagen über die Gründung finden. Steuerakten geben Auskunft über Umsätze und Anzahl der Angestellten. Solche Akten sind – sofern sie Kriege überlebt haben – heute im Staatsarchiv Bremen.

Das Staatsarchiv verwahrt die Überlieferung der Freien Hansestadt Bremen, die als Bundesland aus den Stadtgemeinden Bremen und Bremerhaven besteht. Das Staatsarchiv ist zugleich auch stadtbremisches Kommunalarchiv. Die Urkunden und Amtsbücher sowie die Akten des Ratsarchivs waren der Öffentlichkeit jahrhundertelang verschlossen. Heute stehen sie wie die Archivalien der modernen Behörden der Forschung und interessierten Bürgern zur Verfügung. Die Bestände des Archivs gliedern sich in amtliches Schriftgut (also Überlieferungen aus Behörden). Neben Übernahme und Pflege des amtlichen Schriftguts bemüht sich das Staatsarchiv auch um den Erwerb von Unterlagen nichtamtlicher Herkunft. Diese Archivalien ergänzen die behördlichen Bestände. Neben Privatnachlässen von Einzelpersonen sind hier die Archive von Familien, Verbänden, Vereinen und Stiftungen zu finden sowie das umfangreiche Gebiet des Schriftguts der freien Wirtschaft (also Unternehmensarchive zum Beispiel). Daneben hält das Archiv Sammlungen: Plakat- und Fotosammlungen, aber auch eine spezielle familiengeschichtliche Sammlung. Aufgrund dieser Informationen können Sie bereits schlussfolgern, dass sich eine Anfrage auf jeden Fall lohnen würde.

Zu den politischen Aktivitäten Ihres Ahnen können Sie darüber hinaus auch die entsprechenden Parteiarchive ansprechen. Für die SPD wäre zunächst der Landesverband interessant. Klären Sie dort ab, ob

Archivmaterial vorhanden ist. Darüber hinaus gibt es das Archiv der sozialen Demokratie, das von der Friedrich-Ebert-Stiftung betrieben wird. Hier finden Sie Parteitagsbeschlüsse, Informationen zu Politikern, Zeitungssammlungen etc. Zum Engagement in den örtlichen Vereinen sollten Sie die jeweiligen Institutionen direkt ansprechen. Die Überlieferung dort ist nicht immer ideal. Eventuell erfahren Sie, dass es kein Archiv gibt oder Archivalien an ein Archiv abgegeben worden sind – auch das hilft weiter. Ihr Ahne ist 1890 geboren worden und ist 1975 verstorben. Der Hinweis auf angebliche Kontakte in die DDR und Stasikontakte ist spannend. Überlegen und recherchieren Sie, welche Einrichtung Auskunft hierzu geben könnte. Sie werden schnell auf die Stasiunterlagenbehörde stoßen. Auf der Website der Behörde erfahren Sie: »Die Behörde des Bundesbeauftragten (BStU) bewahrt in ihren Archiven die 1990 sichergestellten Unterlagen des Ministeriums für Staatssicherheit der DDR auf. Dabei handelt es sich um mehr als 111 Kilometer Aktenmaterial und mehr als 1,4 Millionen Fotos. Der BStU stellt sie nach den gesetzlichen Vorschriften des Stasi-Unterlagen-Gesetz (StUG) Privatpersonen, Institutionen und der Öffentlichkeit zur Verfügung.«[23] Wenn es tatsächlich Kontakte eines aktiven SPD-Mitglieds aus Bremen, der eventuell im Handel zwischen BRD und DDR aktiv war, zum Ministerium der Staatssicherheit der DDR gegeben hat, könnten sich Quellen darüber in den Beständen der Stasiunterlagenbehörde finden. Fragen Sie schriftlich nach.

Sie sehen: Herauszufinden, welche Archive welche Bestände zu welchen Themen halten, kann detektivische Arbeit bedeuten. Bedenken Sie immer: In welchen Kontexten bewegte sich ein Mensch, wo gab es Kontakte mit Behörden und anderen Institutionen und wo ist das Schriftgut dieser Stellen überliefert?

Haben Sie die Archive definiert, die für Ihre Familienforschung relevant sein könnten, gehen Sie wie folgt vor:

Vorbereitung auf die Arbeit im Archiv

Auf den ersten Blick erscheint die Arbeit im Archiv verwirrend und wenig durchschaubar, darüber hinaus ist die Recherche dort meist zeitraubend und fordert vom Forscher, dem ungeübten allemal, einige Vorbereitungen. Archivarbeit sollte möglichst nicht ohne entsprechende Vorarbeiten durchgeführt werden. Dazu sollten folgenden Fragen gestellt und beantwortet werden:

Welche Literatur gibt es schon zu meinem Thema? Erst wenn man weiß, was bereits zu einer Fragestellung geschrieben wurde, kann man sich auf die wesentlichen Fragen bei der Suche nach Quellen im Archiv beschränken. Möglicherweise erhält man durch das Lesen auch neue Ideen, wonach man Ausschau halten könnte.

Wie finde ich einen Anfang? Wenn Sie zu Beginn Ihrer Nachforschungen noch viele offene Punkte haben, finden Sie vielleicht schon in den oft sehr guten Bibliotheken der Stadtarchive auf Ihre ersten Fragen

Antworten. So können Sie dort in Adressbüchern, Telefonbüchern und Stadtplänen Informationen zu Vorfahren suchen, über die Sie mehr Vermutungen als Daten haben. Erleichtert wird die Recherche natürlich sehr durch einen seltenen Nachnamen: In kleineren Orten ist die Verwandtschaft zwischen mehreren »Urmersbachs« beispielsweise, die im Telefonbuch stehen, sehr wahrscheinlich. Schwieriger wird es, wenn Sie aber Vorfahren mit verbreiteten Familiennamen aufspüren wollen.

Welche Akten suche ich eigentlich? Bevor man die Suche beginnt, muss man wissen, wo man suchen möchte, denn personenbezogene Quellen sind in den Beständen oft nicht leicht zu finden. Welches Amt oder Behörde war für den Zeitraum meiner Untersuchung für mein Dorf, meine Stadt usw. oder für einen bestimmten Sachverhalt zuständig? Dabei darf man sich nicht auf heutige Zuständigkeiten verlassen, da die Aufgaben zwischen den Ämtern oder Ministerien im Laufe der Zeit wechselten. Die Akten werden jedoch im Archiv nicht jedes Mal neu geordnet, wenn sich was ändert, sondern verbleiben in der Ordnung zum Zeitpunkt ihrer Entstehung.

Welche Quellen liegen bereits gedruckt vor? Bestimmte Quellen liegen oft schon in Buchform vor, so dass man bequem darin lesen kann. Oft sind dies alte Quellen, die bei zu häufiger Benutzung beschädigt werden könnten oder wo dies bereits geschehen ist.

Vertrautheit mit Schrift und Sprache. Das Lesen und Verstehen von alten Handschriften ist eine unabdingbare Voraussetzung für das Quellenstudium im

Archiv. Allerdings kann man sich in die deutschen Kanzleischriften, wie sie seit dem 16. Jahrhundert verbreitet waren, schnell einlesen.

Wie arbeitet man in Archiven?

Ist das für die Thematik zuständige Archiv gefunden, muss man zuerst einen Benutzungsantrag stellen. In diesem Antrag wird neben den Personalien auch der Grund des Besuches erfragt. Will man aus privaten Motiven – sei es Ahnenforschung, Klärung von Besitzansprüchen o. ä. – im Archiv forschen, so werden teilweise Gebühren für Kopien, Beratung und sonstige Dienste

Alte Schriften lesen lernen

Online-Sütterlin-Lernprogramm:
http://www.uni-saarland.de/%7Em.hahn/slp2000.htm

Einen Online-Kurs zur Arbeit im Archiv bietet das Projekt AdFontes, das sehr zu empfehlen ist für alle, die diesen Arbeitsschritt genau machen wollen und Lust aufs Lernen haben: http://www.adfontes.unizh.ch/1000.php

Im deutschen Sprachraum war bis in die 40er Jahre des 20. Jahrhunderts die gotische bzw. Kurrentschrift als Druck- und Handschrift gebräuchlich. Um mit schriftlichen Quellen der Vergangenheit arbeiten zu können, sind Lesekenntnisse dieser Schrift für Historiker und Historikerinnen unabdingbar. Ein Online-Kurs zum Lesen der Schrift finden Sie bei:
http://gonline.univie.ac.at/htdocs/site/browse.php?a=2255&arttyp=k

Oder Sie belegen einen Kurs der Wikiversity zum Entziffern alter Schriften:
http://de.wikiversity.org/wiki/Kurs:Paläographie

berechnet. Handelt es sich aber um eine wissenschaftliche Arbeit für die Schule, das Studium oder eine Ausbildung, so sind lediglich eventuelle Kopien zu bezahlen.

Grundsätzlich darf jeder in öffentlichen Archiven forschen, wenn er sein Interesse begründen kann. Lediglich bei einem gravierenden Verstoß gegen die Benutzungsordnung muss man mit Beschränkungen rechnen. In privaten Archiven (z. B. Unternehmensarchiven) unterliegt die Nutzung den Bestimmungen der jeweiligen Unternehmen.

Wenn der Benutzungsantrag ausgefüllt ist, bekommt man meist einen Sachbearbeiter zugewiesen, der sich in der Thematik, die man bearbeiten möchte, gut auskennt. Dieser berät den Forschenden, weist ihn eventuell auf Literatur hin und hilft dabei, den richtigen Aktenbestand auszuwählen. Die – mal mühselige, aber meistens spannende – Suche in Findbüchern und Akten nimmt dem Forschenden jedoch niemand ab.

Wenn man dann eine Akte in den Händen hält, so sollte man sowohl mit den Schriftstücken als solche als auch mit den Inhalten sorgsam umgehen. So darf man Schriftstücke erst fotokopieren, wenn das Archivpersonal dem zustimmt. Bei Akten, die jünger als 60 Jahre sind, verpflichtet sich der Forschende, auf die Urheber- und Persönlichkeitsschutzrechte sowie die berechtigten Interessen Dritter zu achten. So darf z.B. aus Gerichtsakten nicht der vollständige Name von Angeklagten genannt werden. Aus offiziellem Schriftgut von Personen wie Behördenleitern, Bürgermeistern, Landräten, also Amtspersonen, darf ohne weiteres zitiert werden.

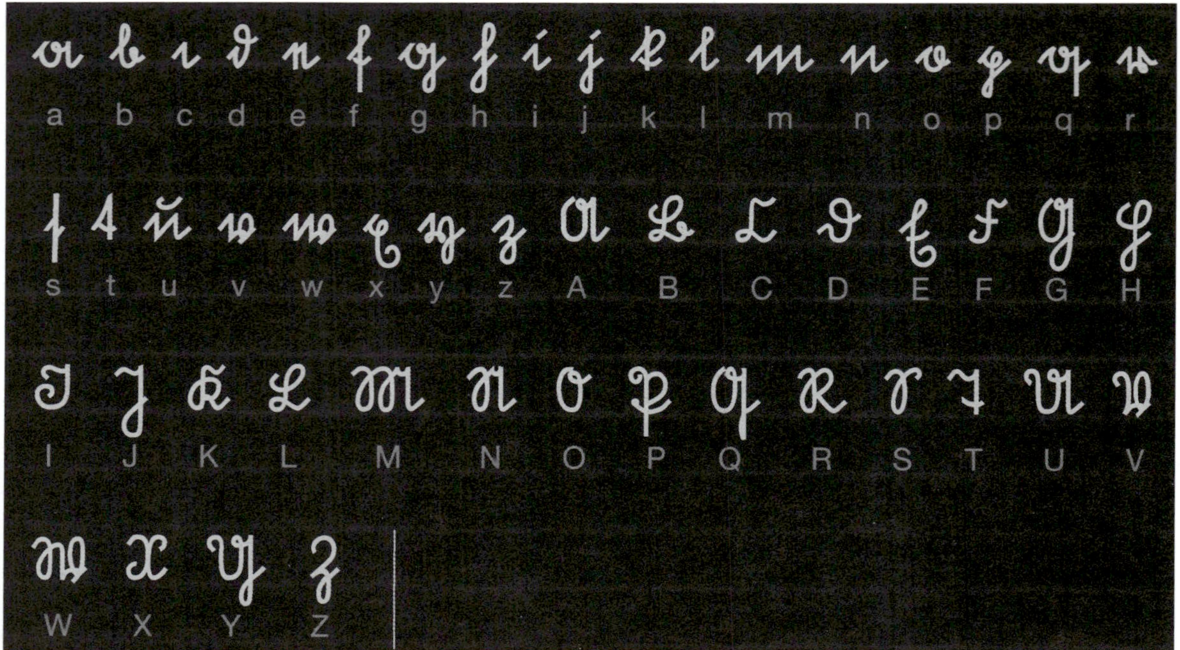

Sütterlinschrift

Frakturschrift

Mini-ABC zur Arbeit im Archiv

Benutzungsantrag
Als erstes wird ein Benutzungsantrag ausgefüllt, der neben dem Namen und der Adresse des Benutzers auch den Zweck des Archivbesuchs aufführt. Pro Thema wird ein Antrag benötigt.

Benutzungsordnung
Die Benutzungsordnung enthält Verhaltensrichtlinien für den Aufenthalt im Archiv.

Der Benutzersaal
Im Benutzersaal können Recherchen in den Findmitteln gemacht und bestellte Akten eingesehen werden. Es herrscht meistens geschäftige Stille. Aus dem Benutzersaal dürfen weder Beständeübersichten, Findbücher oder gar Quellen mit hinausgenommen werden. Auch Taschen, Handys oder Getränke und Essen haben hier nichts verloren.

Findbuch
Zu jedem Bestand gibt es (in der Regel) ein eigenes Findbuch. Ein Findbuch ist ein Archivverzeichnis der Akten eines Bestandes, d.h. einer Behörde oder Verwaltungseinheit. Findbücher (auch Findmittel) sind sozusagen die Inhaltsverzeichnisse zu Archivbeständen.
Jedes Findbuch hat einen Namen, eine eigene Signatur und eine so genannte Laufzeit.
Findbücher sind meist gleich aufgebaut: Zunächst gibt es ein Vorwort, in dem nähere Informationen zur Geschichte des Bestandes zu finden sind. Diese Informationen sind wichtig, damit der Benutzer besser erkennen kann, was er in diesem Bestand finden kann. Es folgt ein Inhaltsverzeichnis. Danach folgt eine Auflistung der Akten des Bestandes: Signatur, Titel der Akte, Laufzeit. Hier kann der Benutzer entscheiden, welche Akte er später bestellen will. Sinnvoll ist es, sich seine Notizen in der gleichen Form wie im Findbuch zu machen: Also jeweils Signatur des Findbuchs, dann der Akte, Titel der Akte und Laufzeit. Bei neueren Findbüchern muss dabei zwischen der laufenden Nummer und der Bestellnummer unterschieden werden. Schließlich gibt es bei den meisten Findbüchern einen Orts-, Personen- und Sachindex, der allerdings nur Begriffe auflistet, die in dem Aktentitel auch vorkommen.

Bestellen
Haben Sie in einem Findbuch zum Beispiel einen Briefwechsel zwischen einem Vorfahren und einer weiteren Person gefunden, können Sie diesen Bestand anhand der vom Archiv vergebenen Signatur bestellen (manchmal noch auf Bestellzetteln, zunehmend online). Danach heißt es warten. In manchen Archiven gibt es so genannte Aushebezeiten, zu denen die Akten aus dem Magazin geholt werden. Typischerweise beträgt die Aushebezeit 1-2 Tage.

Die Akte/Quelle
Quellen im Archiv sind überwiegend Schriftstücke, können aber auch Landkarten, Fotos, Wappen o.ä. sein. Aufschluss über die in einem Archiv vorhandenen Akten gibt allgemein die Beständeübersicht.

Umgang mit Archivalien
Quellen, die man im Archiv zur Ansicht erhält (=Archivalien), sind mit größter Sorgfalt zu behandeln und dürfen nur nach ausdrücklicher Genehmigung des Archivpersonals kopiert werden. Aus den Akten dürfen keine Blätter entnommen werden und um keine Blätter zu vertauschen, darf jeweils nur eine Akte geöffnet werden.
Wenn der Benutzer eine Akte bearbeitet hat, wird sie entweder zum Reponieren (zurücklegen ins Magazin) oder zur weiteren Benutzung in ein Regal zurückgelegt. Häufig kann der Benutzer aber keine Originalakten benutzen, nämlich dann, wenn die Originale schon verfilmt oder digitalisiert worden sind. Für solche Fälle stehen unterschiedliche Lesegeräte, teilweise auch zum Kopieren von Mikrofilmen bereit.

Lesetipp:
Gerhardt Schmidt, Akten, in: Friedrich Beck, Eckart Henning (Hg.), Die archivalischen Quellen. Mit einer Einführung in die Historischen Hilfswissenschaften, Köln, Weimar, Wien 2003.

Archivalien, die jünger als 30 Jahre sind, werden grundsätzlich nicht zur Benutzung freigegeben. Liegen in staatlichen Archiven Bestände von Privatpersonen, Adelshäusern o.ä. – ein sog. Depositum –, so dürfen diese nur mit Erlaubnis dieser Personen eingesehen werden.

Jeder Benutzer kann viele zusätzliche Einrichtungen der Archive benutzen. Dies sind Lesegeräte für Mikrofilme oder Mikrofiches, Fotokopiermöglichkeiten und die Dienstbibliothek. Übrigens gilt in den meisten Archiven die Verpflichtung, nach Erscheinen von Arbeiten, die mit wesentlicher Verwendung von Archivalien eines Archivs verfasst sind, dem Archiv ein kostenloses Exemplar zuzusenden. Details dazu stehen in der Nutzungsordnung.

Die häufigsten Fehler in der Ahnenforschung

Gastbeitrag von Andrea Bentschneider

Andrea Bentschneider ist seit fast 20 Jahren auf dem Gebiet der systematischen Ahnenforschung tätig. 2004 hat die gebürtige Hamburgerin mit der Gründung ihres Unternehmens Beyond History ihre Leidenschaft endgültig zum Beruf gemacht. Seitdem hat sie gemeinsam mit ihrem Team erfolgreich hunderte Forschungsaufträge von Privatpersonen und Unternehmen aus dem In- und Ausland bearbeitet und ist auch für die Medien eine gefragte Expertin im Bereich Genealogie.

Spekulationen und Familiengerüchte

Zu den »klassischen Fehlern« in der Ahnenforschung gehört das Verlassen auf Familiengerüchte. Diese Gerüchte können ein Anhaltspunkt der Forschung sein, aber nicht deren Grundlage. Solche Gerüchte sind Oral history, werden von Generation zu Generation weitererzählt und verändern sich dadurch jedes Mal ein bisschen mehr.

Beispielsweise hören wir von vielen Amerikanern, ihre Vorfahren seien als blinde Passagiere in die USA gereist. Wären auch nur die Hälfte von ihnen wirklich blinde Passagiere gewesen, dann wären die Hapag und der Norddeutscher Lloyd nicht in der Lage gewesen, ihre Auswandererschiffe zu finanzieren.

Vorsicht gilt auch mit Spekulationen: Sie bringen einen in der tatsächlichen Forschung, in der es um belegbare Fakten geht, keinen Zentimeter weiter.

Ein Beispiel dafür ist »Ich finde die Verbindung zwischen Generation 5 und 6 nicht, aber der im Kirchenbuch genannte wird wohl ...« - Denken Sie daran, dass Sie erst die Verbindungen zwischen den Generationen nachweisen auch wenn dies etwas länger dauern kann, sonst erforschen Sie evtl. die falsche Familie.

Der gleiche Nachname

Bedenken Sie auch: Nur weil andere Personen, auf die Sie in Ihrer Forschung stoßen, den gleichen Nachnamen wie Ihre Ahnen tragen, heißt das noch lange nicht, dass eine Verwandtschaft vorliegt. Solange Sie keinen Beleg für die Verwandtschaft gefunden haben, besteht außer der Namensgleichheit möglicherweise gar keine Verbindung zwischen den Personen. Einzige Ausnahme: Der Nachname ist sehr selten.

Ungenaues Arbeiten vermeiden

Darüber hinaus schleichen sich durch ungenaues Arbeiten leicht Fehler in der Forschung ein. Daher gilt es, von Anfang an alles genau zu dokumentieren: Wo habe ich was wann mit welchem Erfolg gesucht. Durch dieses Vorgehen kann man sich auch doppelte Arbeit in Zukunft sparen. Notieren Sie sich auch die Quellenangaben, das vereinfacht das eventuelle spätere Fortsetzen bei diesem Familienzweig.

Vorsicht beim Transkribieren alter Handschriften

Wenn man die Möglichkeit hat, sollte man von allen Urkunden, Kirchenbucheinträgen usw. Kopien anfertigen. Bei späteren Fragen sind die Quellen so leicht zugänglich und es hat den Vorteil, dass man sich zuhause in Ruhe die alten Handschriften zu Gemüte führen und dechiffrieren kann. Oftmals entstehen sonst kleine, aber entscheidende Fehler beim Transkribieren. Beim Husch-Husch wird dann eventuell aus einem Bademeister ein Bäckermeister oder Sie notieren sich

Zahlen und der Fehlerteufel schleicht sich in Form eines Zahlendrehers ein. Wenn Sie ein Wort nicht lesen können, bitten Sie jemanden um Hilfe, der mit den alten Handschriften vertrauter ist.

Sicherlich gibt es noch mehr Fehler, die man machen kann. Dies sind die häufigsten, die Sie nun vermeiden können, da Sie nun um sie wissen. Und wie sagte mein Opa immer: »Aus Fehlern wird man klug«.

Zwischenbilanz

Sie haben schon einiges geschafft! Glückwunsch. Und wir hoffen, dass Sie mittlerweile Spaß und Ehrgeiz entwickelt haben, um Ihren Ahnen auf die Spur zu kommen. Es ist Zeit, sich zwischendurch einmal zurückzulehnen, das Recherchetagebuch zur Hand zu nehmen und zu überlegen:

- *Welche Lücken gibt es noch bei meinen Recherchen?*
- *Wie kann ich die Lücken schließen?*
- *Welche Thesen habe ich am Anfang aufgestellt, welche mussten verworfen werden, welche neuen Thesen erscheinen nun sinnvoll?*

- *Kann ich neben den harten Fakten (Lebensdaten etc.) bereits Thesen über meine Gefühlserbschaft machen, kann ich die emotionalen Bezüge innerhalb der Familie, starke Verbindungen, schwache Verbindungen erfassen, weiß ich, was das Familienthema ist?*

Zur Beantwortung Ihrer Fragen an die Familiengeschichte lohnt es sich, die vielen Informationen übersichtlich aufzubereiten. In der Genealogie haben sich dafür mehr oder weniger standardisierte Formen entwickelt. In Listen oder grafischen Darstellungen kann man sein Wissen ordnen. Das kann für Ihre Arbeit sehr nützlich sein. Schwierig ist, dass in den traditionellen Darstellungsformen alles andere als die Blutsverwandten keinen Platz haben und emotionale Ahnenschaft nicht kenntlich gemacht werden kann. Stammbäume und Ahnenlisten sind biologisch-naturwissenschaftlich fundierte »Schaltpläne« Ihrer Familie. Wir wollen auf jeden Fall darüber hinaus gehen, sehen aber nach wie vor auch den Wert dieser »alten« Darstellungsformen.

3. Kapitel:

Daten der Familiengeschichte darstellen

Sie haben bislang eine Menge an Informationen und Erinnerungsstücken gesammelt und vielleicht Neues über Ihre Familie herausgefunden. Dies sind alles Mosaiksteinchen, die sich schon bald zu einem übersichtlichen Familienportrait zusammenfügen werden. Überlegen Sie, ob eine der folgenden Instrumente zur Darstellung der vielen Informationen zu Ihrer Familiengeschichte nützlich sein kann.

Die Familien-Karte

Auf der Familienkarte werden vergangene und jetzige Wohnorte Ihrer Familie eingetragen – eine sehr gute grafische Stütze, um Familiengeschichte im Raum zu verorten.

Mit dem Internetservice Google-Maps lassen sich Ortschaften auf einer digitalen Karte markieren und gleich einige detaillierte Angaben auf einer Art Notizzettel hinzufügen. Der Vorteil ist, Ihre Karte kann jederzeit und von überall auf der Welt ergänzt werden. Dazu müssen Sie sich lediglich unter www.maps.google/maps registrieren. Aber es geht auch ohne Computer. Eine große Deutschland-, Europa- oder Weltkarte im Posterformat (gib es kostenlos bei der Bundeszentrale für Politische Bildung, www.bpb.de) oder ein Atlas reichen vollkommen aus, um Ihre Familien-Karte zu erstellen. Nehmen Sie sich einige Pins oder auch Stecknadeln und markieren Sie Wohnorte, die in Verbindung mit Ihrer Familie stehen. Nach Möglichkeit sollten Sie bereits jetzt anfangen, nach Generationen und Familienzweigen zu sortieren. Dies macht sich am besten mit verschiedenen Farben und kleinen Infozetteln, die Sie mittels der Pins oder Stecknadeln anheften können. Wenn Teile Ihrer Familie ausgewandert oder im Laufe der Generationen über größere Distanzen umgezogen sind, dann kann man das ganz einfach mit Pfeilen auf der Karte darstellen oder die Stecknadeln mit bunten Wollfäden verbinden. So entsteht eine Art Familiennetz, vielleicht sogar über Ländergrenzen hinweg, und Sie können die Wanderungen Ihrer Familie verfolgen.

Grenzen haben sich über die Jahrhunderte verschoben, neue Staaten sind dazugekommen, manche verschwanden von der Landkarte – Ergebnisse von Politik und

Kriegen. Gerade die Gestalt Deutschlands hat sich in den letzten zwei Jahrhunderten mehrfach und nachhaltig verändert. Seit dem Deutsch-Französischen Krieg von 1870/71 wurde zum Beispiel die Gegend Elsass-Lothringen über Jahrzehnte zum Zankapfel der beiden Nachbarn. Im Osten führte der Zweite Weltkrieg zu großen Gebietsabtretungen an Polen und Tschechien, was zu Kriegsende eine Völkerwanderung Richtung Westen auslöste. Eine Volkszählung des Alliierten Kontrollrats aus dem Oktober 1946 registrierte 9,6 Millionen Flüchtlinge, so genannte »displaced persons«, die dann über ganz Deutschland verteilt wurden. Vertreibung, aber auch Neuintegration prägten das Leben von Millionen von Deutschen. So ist es nicht unwahrscheinlich, dass auch die Geschichte Ihrer Familie im 20. Jahrhundert davon betroffen war. Wo stecken also die geografischen Wurzeln Ihrer Familie? Liegt die Heimat Ihrer Vorfahren vielleicht in Gegenden, die einmal zu Deutschland gehörten und nun Teil eines anderes Staates sind, wie im Fall des Sudetenlandes in der heutigen Tschechischen Republik? Bei der Beantwortung dieser Fragen helfen Ihnen historische Karten. Sie zeigen die Verschiebung von Grenzen und Regionen über die Jahrhunderte hinweg. Historische Karten bekommen Sie entweder in klassischer Buchform, zum Beispiel der Putzger Geschichtsatlas, oder kostenlos im Internet, etwa auf der Seite des Institut für Europäische Geschichte der Uni Mainz (www.ieg-maps.uni-mainz.de). Mit der Familienkarte haben Sie einen räumlichen Überblick gewonnen. Aber wenn Sie weiter als drei oder vier Generationen in die Vergangenheit

vorstoßen, verliert man schnell den Überblick. Die zeitliche Dimension lässt sich deswegen in Form von Listen und Grafiken besser erfassen.

Ahnenliste und Ahnentafel

Nehmen wir an, Sie können Ihre Familie bis zum Anfang des 19. Jahrhunderts zurückverfolgen, dann haben Sie es schon mit über hundert Eltern, Großel-

Ahnentafel sächsischer Fürsten

tern, Urgroßeltern etc. zu tun. Diese Fülle an Informationen können Sie am besten mit Hilfe von **Ahnenlisten** und **Ahnentafeln** bewältigen. Beides sind klassische Darstellungsformen der Ahnenforschung und werden Ihnen in jedem Buch über Genealogie vorgestellt. Erschrecken Sie nicht vor der Komplexität des Systems, das wir Ihnen jetzt gleich präsentieren. Es mag Ihnen pedantisch und allzu wissenschaftlich für den »Hausgebrauch« erscheinen, aber Ihre Forschungen kann es beträchtlich erleichtern.

Die Kekulé-Zahlen

Stellen Sie sich Ihre Familiengeschichte zunächst als ein Dreieck vor, an dessen Spitze Sie stehen. Nach unten hin wird es breiter und bietet Platz für alle biologischen Vorfahren. Im Fachjargon spricht man von den Aszendenten, also zwei Eltern, vier Großeltern, acht Urgroßeltern und so weiter. Die Zahl verdoppelt sich pro Generation – es sei denn, es liegt Inzucht vor wie es in adligen Familien nicht selten vorkam. Drei bis vier Generationen sind gerade noch so überblickbar, doch je weiter zurück Sie vorstoßen, um so komplizierter kann es sein, den Durchblick zu bewahren. Aus diesem Grund wenden Familienforscher ein Ziffernsystem an, um Ordnung ins Chaos zu bringen. Allgemein durchgesetzt haben sich die so genannten Kekulé-Zahlen. Entwickelt wurden sie Ende des 19. Jahrhunderts von Stephan Kekulé von Stradonitz. Er war hauptberuflich Jurist und Genealoge aus Leidenschaft. Für adelige Familien aus ganz Europa erstellte er Stammbäume und wurde bald zum gefragten Experten. Um sich in den verzweigten Verwandtschaftsbeziehungen adeliger Großfamilien zurecht zu finden, entwickelte er ein Zahlensystem. Kein Mitglied eines Familienclans sollte im Dunkel der Geschichte verloren gehen: Jeder und jede bekam eine bestimmte Zahl zugesprochen, über die der Verwandtschaftsgrad jeder Person identifiziert werden konnte. Klingt perfektionistisch – war es in der Tat auch. In ihrer Systematik und in ihrem unbedingtem Streben nach Gesetzmäßigkeit erscheinen uns die Kekulé-

Zahlen heute als Ausdruck eines wissenschaftlichen Zeitgeistes, der als typisch für das 19. Jahrhundert gilt: Neu entdeckte Pflanzen und Tierarten wurden penibel katalogisiert und archiviert, während der Augustinermönch Johann Gregor Mendel in den 1850er und -60er Jahren die nach ihm bekannten Vererbungsregeln entwarf – die Grundlagen der modernen Genetik. Zu dieser Zeit gründeten sich auch eine nicht geringe Zahl an Genealogievereinen, die sich der Familien- und Wappenforschung widmeten. Die Kekulé-Zahlen wurden zu ihrem Standardsystem und ihr geistiger Vater posthum zu ihrem Namensgeber auserkoren. Auch wenn die Kekulé-Zahlen in ihren ideengeschichtlichen Ursprüngen eigentlich überkommen sind, wird das System von Genealogen nach wie vor verwendet. Nicht aus reinem Traditionsbewusstsein, sondern weil es beim Sortieren Ihrer Vorfahren immer noch nützliche Dienste leistet. Bewegen wir uns nun also in die Welt der Zahlen…

Kekulé-Zahlen und Ahnenliste

Wie funktioniert das System der Kekulé-Zahlen? Die einzelnen Nummern werden nach einem durchgängigen Muster vergeben: Erinnern Sie sich noch an das Dreieck? Sie selbst stehen an dessen Spitze und verleihen sich deswegen die Nummer 1. Nicht nur im wahren Leben, sondern auch in der Welt der Kekulé-Zahlen sind Sie der Ausgangspunkt Ihrer Reise in die Familiengeschichte. Ihre Geschwister erhalten

Stephan Kekulé von Stradonitz (1863-1933)

optional die Nr. 1a, Nr. 1b etc., da sie der gleichen Generation angehören. Weiter geht es mit Ihren Eltern. Ihr Vater bekommt die 2, Ihre Mutter die Zahl 3. **Zwei Prinzipien sind nun wichtig zu verstehen. Erstens: Männliche Vorfahren erhalten immer eine gerade Zahl, weibliche eine ungerade. Zweitens: Väter haben immer eine doppelt so hohe Ziffer wie ihre Kinder, während bei der Linie der Mütter zur Verdopplung noch +1 dazugerechnet wird.** Wenn Sie diese beiden Prinzipien verinnerlicht haben, haben Sie die Systemik Kelulés durchschaut. Mit etwas Kopfrechnen können Sie nun locker und logisch von Generation zu Generation durchzählen:

Vater: 2
Mutter: 3
Großvater väterlicherseits: 4 (2 x 2)
Großmutter väterlicherseits: 5 (2 x 2 +1)
Großvater mütterlicherseits: 6 (3 x 2)
Großmutter mütterlicherseits: 7 (3 x 2 + 1)

Und mit der gleichen Systematik geht es weiter auf die Ebene der Ur-Großeltern:

Ur-Großeltern	8		9		10		11		12		13		14		15
Großeltern		4				5				6				7	
Eltern				2								3			
Gen. 0	1a							1							1b

Ein praktisches Beispiel: Wer ist Ahne Nr. 13? Ungerade Zahl, also muss es eine weibliche Person sein. Diese ist also die Mutter von: (13 – 1) : 2 = 6. Nummer sechs ist männlich (gerade Zahl). Mit 6 : 2 geht es eine weitere Generation weiter; 3 ist die Tochter von 6, also wiederum Ihre Mutter. Drei Generationen sind Sie zurückgegangen, also ist Nummer 13 Ihre Urgroßmutter mütterlicherseits. Mit den Kekulé-Zahlen ausgerüstet können Sie Ihre Ahnenliste anlegen. Zusätzlich zu den Ahnenziffern haben hier auch grundlegende Informationen der Personen Platz: Ort und Datum von Geburt, Hochzeit und Tod, Berufs- und Religionszugehörigkeit und weitere Basisdaten.

Es braucht sicher etwas Übung, bis Sie mit den Kekulé-Zahlen frei jonglieren und diese auf den ersten Blick lesen können. Sie werden sie aber lieben lernen, wenn Sie weiter als drei oder vier Generationen zurückgehen. Das hilft vor allem auch, Verwechslungen auszuschließen. So war es zum Beispiel früher üblich, dass Söhne nach dem Vater oder Großvater benannt wurden. Wenn Sie in so einem Fall Vorfahren mit den Kekulé-Zahlen bezeichnen, sind Verwechslungen wegen gleicher Namen ausgeschlossen.

Von der Ahnenliste zur Ahnentafel

Übersichtlicher wird die tabellarische Ahnenliste, wenn man sie in die grafische Form der **Ahnentafel** bringt, einer Art umgekehrter Stammbaum. Die Ahnentafel verzweigt sich ausgehend von Ihrer Generation hinab in die Vergangenheit und macht das Netz Ihrer Vorfahren auf einen Blick durchschaubar.

Die Begrenztheit der Blutsverwandtschaft

Wie Sie festgestellt haben, bietet das Kekulésystem nur Platz für die biologischen Eltern und Vorfahren. Geschwister, Stiefeltern, Lebenspartner und jegliche Verwandte und Bekannte fallen aus Ahnenliste und –tafel komplett heraus. Dem liegt ein sehr eng definiertes Bild von Familie zu Grunde, das auf Blutsverwandschaft beschränkt ist. Das haben wir bereits thematisiert: Mit der Realität von modernen Patchworkfamilien hat das nur noch wenig zu tun. Wer zählt zur Familie dazu und wer nicht mehr? Diese Frage lässt sich mit klassischen Familienmodellen immer schwerer beantworten. Sie stellt sich Familienforschern des 21. Jahrhunderts aber unausweichlich. Deshalb erweitern einige Genealogen bereits den Familien- und Ahnenbegriff und haben die so genannte »Verwandtschaftsfamilie« eingeführt. Dieser Begriff erweitert den engen Kreis der Familie und zählt – wie der Name schon verrät – die gesamte Verwandtschaft zur Familie. Man spricht deswegen auch von Verwandtschaftskreisen. Platz haben hier nicht nur die direkten, biologischen Abstammungslinien, sondern wesentlich mehr Vorfahren, die nun nicht mehr einfach bedeutungslos aus dem strengen System fallen. Überträgt man die Verwandtschaftskreise auf Ahnenliste und -tafel, dann fällt ein großer Unterschied auf: Statt Einzelpersonen bzw. Paaren bilden Verwandtschaftskreise die kleinste Einheit der Systematik.

Auch hier wird nach wie vor das Kekulésystem angewandt, lediglich um weitere Ebenen und ein Buchstabensystem ergänzt. Die Ordnungszahlen werden nicht mehr an einzelne Personen, sondern an Ehen vergeben. Haben Personen in ihrem Leben mehrmals geheiratet und neue Familien gegründet, dann bleibt ihre numerische Kekulé-Zahl gleich, wird aber um einen Großbuchstabe für die jeweilige Ehe erweitert. Die Kinder einer jeden Ehe werden mit Kleinbuchstaben gekennzeichnet. Das Ergebnis kann durchaus kompliziert wirken und ist sicherlich mit etwas mehr Aufwand verbunden als die traditionelle Familienkonstellation. Offen gestanden: Auch dieses System ist uns noch zu eng.

Schauen Sie Ihr eigenes Umfeld an. Die Realität menschlichen Zusammenlebens ist im 21. Jahrhundert grundlegend anders geworden und wir meinen, darauf sollten Sie als Familienforscher reagieren. Sicherlich gibt es wesentlich mehr Menschen als nur Familie und Verwandte, die in Ihrem Leben eine große Rolle spielen und deshalb eigentlich zu Ihrer Familie gerechnet werden müssen. Wir möchten Sie deshalb ermutigen, über die direkten Ahnen hinaus nach weiteren, prägenden Vorfahren zu forschen. Müssen wir zu den rein biologischen Vorfahren und

Verwandten nicht auch die ideell und sozial prägenden Ahnen einer Person hinzurechnen? Wie sieht es aus mit Patenonkeln, Tagesmüttern, Freunden und Ex-Partnern? Ist in früheren Jahrhunderten Platz für Knechte, Ammen und Hausangestellte? In Hamburg gab es im 18. Jahrhundert bis zu 5.000 Ammen, bei einer Gesamtbevölkerung von 90.000 Menschen.[24] In den offiziellen Familiengeschichten finden sie sich selten wieder, auch wenn sie in verschiedenen Lebensabschnitten eines Menschen vielleicht eine unerwartete, mitunter vergessene Bedeutung hatten. So gesehen haben es all die Menschen verdient, Teil Ihrer Familiengeschichte zu sein, zu denen Sie oder Ihre Vorfahren eine besondere Beziehung hatten. Zugegeben, damit sprengen Sie den Rahmen Ihrer Familiengeschichte, die Sie vielleicht schon zur Verwandtschaftsgeschichte ausgebaut haben, ein weiteres Mal. Eine Möglichkeit wäre, statt einer biologischen eine soziale Ahnentafel Ihrer Wahlverwandtschaft zu erstellen.

Das ist freilich unerwartete Konkurrenz für klassische Modelle der Familienforschung und wird in der Zunft der professionellen Genealogen nicht unbedingt euphorisch aufgenommen werden – und Stephan Kekulé von Stradowitz wird sich wohl bald im Grabe herumdrehen. Aber es geht schließlich um die Lebensrealität Ihrer Familie. Und wer soll Ihnen da schon reinreden dürfen. Wir wollen Sie auch nicht zur absoluten Beliebigkeit animieren. Omas Schoßhund in die Ahnentafel aufzunehmen ginge dann doch etwas zu weit. Aber

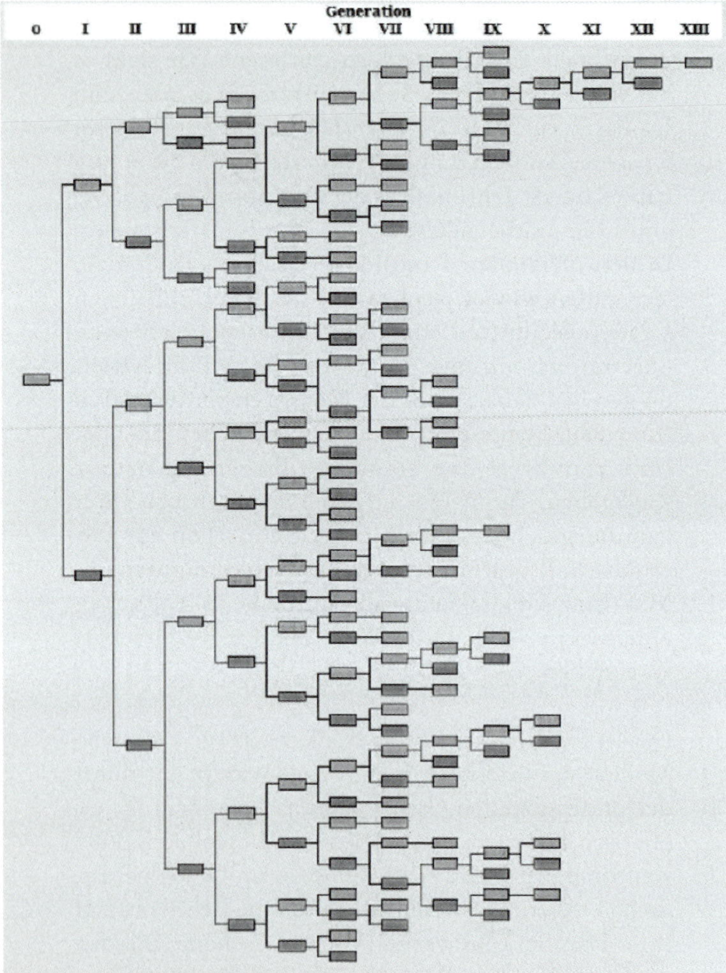

Muster Ahnentafel

wenn Sie Ihren Blickwinkel auf Familie erweitern, dann sind wir uns sicher, dass Sie Ihren Vorfahren um einiges näher kommen, als wenn Sie sich nur auf klassische Darstellungsformen beschränken. Lassen Sie sich also nicht beirren und setzen Sie sich eigene Maßstäbe für Ihre persönliche Familiengeschichte.

Stammbaum

Wie Sie festgestellt haben, wird die Ahnentafel umso breiter, je weiter Sie in die Vergangenheit eintauchen. Beim Stammbaum sieht das genau anders herum aus. Von einem Stammvater wird der Graph Richtung Gegenwart immer breiter, ähnlich einem Dreieck, das auf der Spitze steht. Oder eben wie bei einem Baum: Die Nachkommenschaft verzweigt sich von Wurzel und Stamm kommend und bildet eine wuchtige Baumkrone. Neben der Elterngeneration ist hier auch Platz für Kinder, Enkel und Urenkel.

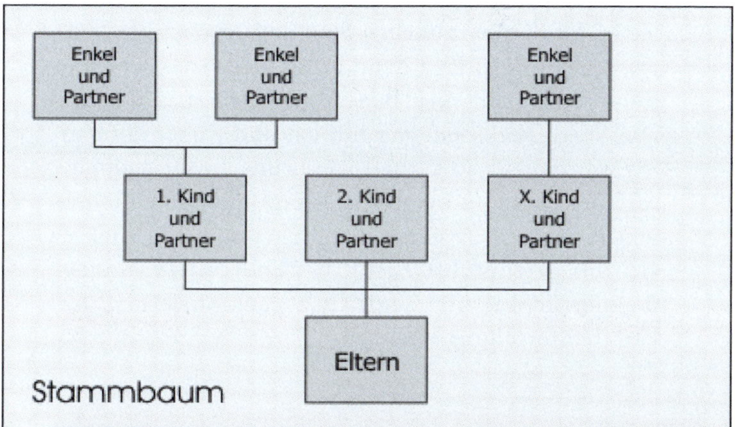

Schema eines Stammbaums

Eine kleine Geschichte des Stammbaums

Der Stammbaum ist die wohl älteste Darstellungsform von Familiengeschichte. Sie alle haben schon einmal imposante Stammbäume von adeligen Familien gesehen. In manchen Schlosszimmern füllen sie ganze Wände.

Sie sind Ausdruck eines adeligen Selbstverständnisses, das die Blutslinie nachweisen will, um Macht- und Gebietsansprüche zu legitimieren. Diese Denkweise geht bis auf antike Herrscher zurück, die nicht selten den Ursprung ihrer Familie in mythische Zeit vorverlagerten. Die babylonischen Könige (1900 – 500 vor Christus) ließen etwa Königsstammbäume anlegen, die um Dutzende Generationen in die Vergangenheit reichten. Will man diesen Listen Glauben schenken, dann waren einige Herrscher über ein Jahrhundert an der Macht. Diese frei erfundene Überhöhung diente der Legitimierung ihres Herrschaftsanspruchs. Bis ins 19. Jahrhundert blieben Stammbäume ein Steckenpferd des Adels. Erst dann begann das aufstrebende Bürgertum, sich seiner Bedeutung bewusst zu werden. Die Frage nach dem wer bin ich und woher komme ich war damals so aktuell wie heute. In Genealogievereinen forschte man fleißig und mit professionellem Anspruch in seiner Vergangenheit und rückte sich ins gewünschte Licht. Nebenbei setze so eine Popularisierung und zugleich Demokratisierung der Familienforschung ein.

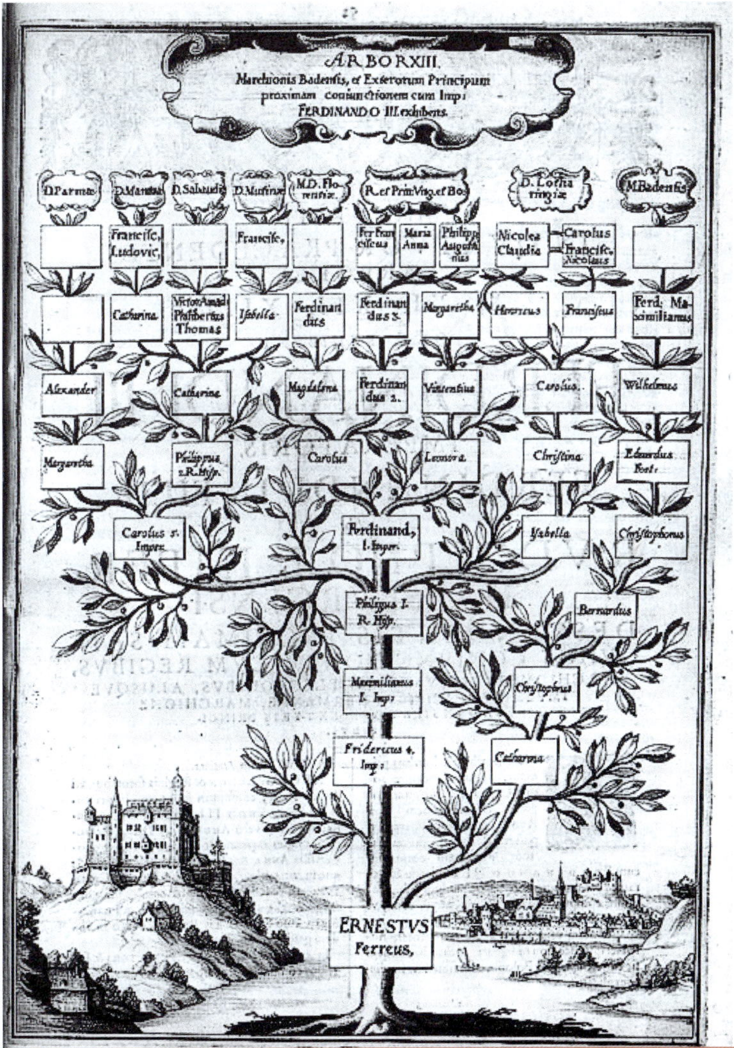

Johannes Gans: Arboretvm genealogicvm annotationibvs in arbores singvlas illvstratvm exhibens omnes fere imperii principes Evropae hodie reges linea recta descendentes a Rvdolpho I. Imperatore Köln, apvd Ioannem Kinchivm, 1638 (2. Auflage, 1. Auflage: Prag 1635). Gans versucht, fast alle europäischen Herrscherdynastien auf die Nachkommenschaft Rudolfs von Habsburg zurückzuverfolgen.

Erstellen eines Stammbaums

Eine Bezifferung á la Kekulè ist bei Stammbäumen nicht mehr angebracht, da es sich sowieso um eine rein grafische Darstellung handelt. Wie weit sich Ihr Stammbaum verzweigen soll, hängt alleine davon ab, wie groß Sie Ihre Familie sehen wollen. Erfahrungsgemäß wird die Darstellung von Verwandtschaftsbeziehung über den Rang des/der Cousine/-n hinaus immer komplizierter und grafisch schwieriger darzustellen. Hier bietet es sich an, für neu entstandene Familienlinien oder Verwandtschaften einen eigenen, neuen Stammbaum aufzumachen.

Die Gestaltung eines Stammbaums kann am einfachsten ein Computerprogramm übernehmen. Daten und Fotos lassen sich in eine Maske eingeben, das Programm erstellt dann einen grafisch übersichtlichen Stammbaum. Ohne großen Aufwand kann dieser dann um neu hinzugekommenen Familienzuwachs erweitert werden. Das hindert Sie jedoch nicht daran, zu Schere, Kleber und Stift zu greifen und einen Stammbaum in Bastelarbeit selbst zu gestalten. Schwierig wird es allerdings dann, wenn Sie den Stammbaum nach ein paar Jahren um Nachwuchs erweitern wollen. Hier sollten Sie von Anfang an genug Platz für neue Generationen mit einrechnen. Ein Vorschlag: Nehmen Sie sich ein großes Blatt Papier und bauen Sie den Stammbaum zunächst aus kleinen Post-It-Klebezetteln auf. Diese können Sie verschieben und können so den benötigten Platz besser abschätzen.

Stammbäume heute

So imposant und überzeugend ein Stammbaum auch aussehen mag, er ist trotzdem ein Auslaufmodell. Auf den ersten Blick sind Stammbäume stark männlich ausgerichtet – man spricht gewohnheitsmäßig von Stammesvätern, aber selten von Stammesmüttern. Der gesellschaftlichen Realität und unseren Vorstellungen von der Gleichberechtigung der Geschlechter entspricht dies nicht mehr – rein patriarchale Denkweisen sind nun einmal überkommen. Hinzukommt, dass mit dem neuen Namensrecht von 2004 der patrilinearen Dominanz von Familiennamen in Deutschland sowieso ein Ende gesetzt wurde. Ehepaare können ihren Familiennamen und die Nachnamen ihrer Kinder frei wählen, allerdings müssen alle Kinder einer Verbindung den gleichen Familiennamen tragen. Dies hat unweigerlich zur Folge, dass die traditionelle Vererbung von Namen über Söhne passé ist.

Wenn Sie der Form halber trotzdem einen Stammbaum anlegen wollen, dann lässt sich dies auch geschlechtsneutral verwirklichen. Ein moderner Stammbaum könnte sich etwa an die oben erwähnte Verwandtschaftskreise anlehnen. Die Grundeinheiten, grafisch gesehen die Blätter eines Stammbaums, werden von ganzen Familien gebildet und können durch Freunde und andere wichtige Personen ergänzt werden.

Interview mit Dr. Satuila Stierlin über Genogramme

So nüchtern der Stammbaum auch anmutet, er steckt voller emotionaler Beziehungen und Geschichten. Über eine besondere Art des Stammbaums, mit dem Psychologen arbeiten, sprach mit uns Dr. Satuila Stierlin. Sie ist sowohl klinische Psychologin als auch systemische Familientherapeutin und lebt in Heidelberg.

Als systemische Familientherapeutin arbeiten Sie mit Genogrammen – was ist das Besondere an dieser Art von Stammbaum?

Das Genogramm ist eine Art Ahnentafel oder Stammbaum. Am Anfang steht die Faktensuche nach

Geburtsagen, nach Heirats- und Sterbedaten aller Familienmitglieder. Sowohl lebende als auch tote Angehörige mindestens dreier Generationen werden mit einbezogen. Auch Nicht-Blutsverwandte können darin als wichtige Personen auftauchen, beispielsweise Hausangestellte oder Pflegekinder. Sogar Tiere können in Familien eine wichtige Rolle spielen.

Diese Zahlen und Fakten bilden ein Skelett. Ausführlich sprechen wir über die Verwandten und versuchen, auch über Tote Auskunft zu bekommen. Oft können sich Nachbarn, Freunde und Bekannte von Verstorbenen noch erinnern. Manchmal muss man auch Kontakte zu »schwarzen Schafen« aufnehmen, um mehr über einen vielleicht schon Generationen zurückliegenden Erbschaftsstreit herauszufinden.

Danach erarbeite ich gemeinsam mit den Klienten die Beziehungen und Bedeutungen, die dahinter stehen. Wir finden die Geschichten, die sich darum ranken, denn es geht nicht nur um objektive Daten, sondern um die ganze Lebensfülle der Vergangenheit.

Aktuelle Probleme der Klienten als Individuen stehen am Anfang der Analyse: Wenn die Lebenssituation ermittelt ist, beginnt die Suche nach dem Zusammenhang mit dem Familiensystem – oft springt es mir als Lebensthema, als Muster, ins Auge.

Im Genogramm analysiere ich Muster und Aufträge, die eine Familie über Generationen prägen: Beispielsweise, dass die ältesten Söhne jung sterben (und damit große Ängste für alle transportiert werden) oder dass die typische Rollenverteilung zwischen den Geschlechtern von den Frauen, die heute Kinder haben, verworfen wurde. Auch wenn beispielsweise das Geburtsdatum einer Tochter ganz dicht am Sterbedatum ihrer Großmutter liegt, kann das in den Augen des Vaters ein folgenreiches Erbe sein.

Das Genogramm ist eine Möglichkeit, mich als Individuum im Kontext meiner Familiensituation besser kennen zu lernen in dieser Drei-Generationen-Perspektive.

Was ist das Ziel der Therapie?

Wenn Sie gemeinsam mit einem Therapeuten anfangen zu forschen und mithilfe des Genogrammes die Tür zu den Vorfahren aufstoßen, machen Sie sich bewusst, was Ihr Leben immer schon beeinflusst: Welches emotionale Erbe, welche Werte haben Sie von der Familie übermittelt bekommen, welche Aufträge sind Ihnen vielleicht ganz subtil gestellt worden? So werden Sie sich selbst auch klarer darüber, was davon Sie wieder an Ihre Kinder weiter geben – ist das förderlich oder hinderlich für mich, und was möchte ich meinen Kindern eigentlich mitgeben? Je mehr wir darüber wissen, welche Schuld- und Schamgefühle, Ängste, Verlusterfahrungen und Traumata unsere Vorfahren belasteten, desto mehr Freiheit gewinnen wir für unser eigenes Leben. Unsere eigene Geschichte zu kennen entlastet von der Bürde, die uns mitgegeben wird.

Das Bewusstwerden dieser Zusammenhänge macht Sie souverän. Durch die Distanz zu den Geschichten, die Ihr Erbe ausmachen, kommen Sie in eine Meta-Position. Besonders wichtig sind die Kraftquellen, die Ihre Lebensgeschichte bereithält. Beispielsweise mobilisierte der Krieg besondere Ressourcen in einer ganzen Generation von Frauen. Schwierige Situationen setzen oft Kräfte frei! Im Laufe der Mehrgenerationentherapie gehen Sie immer wieder auf die Suche nach positiven Antrieben und würdigen die Leistung Ihrer Familie.

Wie kann es sich äußern, wenn die »Schatten der Vergangenheit« mein Leben beeinflussen, haben Sie vielleicht ein Beispiel aus Ihrer Praxis dafür?

Als Kind möchte ich meinen Eltern »Gutes tun«, dazu gehört loyal zu sein, auch wenn das schwierig ist. Von den Eltern geht eine Art Auftrag an die Kinder, auch wenn das nicht so deutlich formuliert wird. So hatte ich einen Klienten, der als Student seinen Abschluss nicht machen konnte: Er stagnierte über Jahre und schaffte es nicht, fertig zu werden. Im Gespräch fanden wir heraus, dass sein Vater unglücklich in seinem Beruf war und sich selbst als Versager empfand. Ihm, dem Sohn, hatte er aufgetragen zu studieren und einen guten Job zu finden. Andererseits würde diese Karriere dem Vater auch wieder demonstrieren, was für ein Versager er doch tatsächlich ist – ein großes Dilemma! Nach einer intensiven Therapie gelang es meinem Klienten, diesen Konflikt zu bewältigen und sein Studium zu beenden.

Es ist möglich, alte Muster abzulegen und dadurch neue Kräfte zu gewinnen?

In manchen Familien gibt es eine Art »Jahrestagphänomen«, da passieren Unglücke oder Todesfälle an bestimmten Kalendertagen im Jahr, immer wieder. So kann die Trauer über einen verstorbenen Bruder zu einem Selbstmord am selben Tag führen, wie bei den zwei Brüdern des Anthropologen Gregory Bateson. Sogar wenn das Datum nicht bekannt ist, kann es erspürt werden und als Tag mit einem Schatten auf jemandem lasten. Ich kenne eine Frau, die jedes Jahr im Mai ihr Leben nicht genießen konnte, weil sowohl Mann als auch Sohn in diesem Monat gestorben waren. Für die ganze große Familie war ihre emotionale Last in dieser Zeit erdrückend.

Gibt es typisch männliche und typisch weibliche Vermächtnisse?

Viele Frauen bekommen von ihren Müttern, die oft selbst keine berufliche Karriere machen konnten, den Wunsch vermittelt, eine gute Ausbildung zu machen und erfolgreich zu arbeiten. Andererseits würden sie damit auch ihre Mütter und Großmütter, ja, eigentlich alle weiblichen Vorfahren »in den Schatten stellen«. Loyalität mit den Frauen in der Familie hieße, auch Opfer für die Kinder und vielleicht die pflegebedürftigen Verwandten zu bringen. Und da ist ja noch der Auftrag, selbst auch eine gute Mutter zu sein – widersprüchliche Botschaften sind ein großes Dilemma und können Konflikte und Krankheiten auslösen. Der Auftrag der Eltern, wenn er der Neigung des Kindes entspricht, kann Talente fördern und Karrieren fördern – denken Sie an die große Tennisspielerin Steffi Graf. Ein typisches Vermächtnis der Väter ist der Wunsch, ein Familienunternehmen an die nächste

Generation weiter geben zu können. Das kann ein großartiges Geschenk sein, kann aber auch als lästige Bürde angesehen werden. Die Kinder und Kindeskinder verbittern vielleicht an ihrer Aufgabe oder sabotieren die Arbeit. Oft kommt es in der dritten Generation zu großen Konflikten.

Durch traumatische Kriegserfahrungen ist doch eigentlich eine ganze Generation therapiebedürftig, Hunderttausende… – müssten die sich alle in Behandlung begeben, und die Kinder noch dazu?

Tatsächlich, die Geschichte unserer Vorfahren hat vielen Menschen grausame Erfahrungen mitgegeben, die schwierig zu verarbeiten sind. Ganze Generationen geben Traumata weiter. Besonders kritisch ist die Situation, wenn in einer Familie das Muster des Schweigens dominiert. Das ist typisch für Familien, die nicht dialogfähig sind. Dann brodelt es oft mit dramatischen Auswirkungen: Depressionen und psychosomatische Krankheiten können so entstehen. Es gibt aber zum Glück bei vielen Menschen auch ein großes Maß von Resilienz, also das Gedeihen trotz widriger Umstände. Ich traf einen KZ-Überlebenden, der mit seiner Familie in Bergen-Belsen war. Sein Vater wurde dort ermordet. Trotz dieser furchtbaren Kindheit ist ein glücklicher, intakter Mensch aus meinem Bekannten geworden. Nicht jeder, der eine Last mit sich trägt, muss lebenslang daran leiden und nicht jeder braucht therapeutische Hilfe. Wichtig ist, durch eine gewisse Distanz zu einer Meta-Position in der Autobiografie zu kommen. Und die Therapie kann helfen, aus der eigenen Lebensgeschichte Energie und Hoffnung zu schöpfen und womöglich aus einer Tragödie eine Komödie zu machen. Jede Geschichte ist ja auch eine Konstruktion, keine ewiggültige Wahrheit.

4. Kapitel:

Kreativ sein: Familiengeschichte in Szene setzen

Setzen Sie Ihre Familiengeschichte in Szene, bereiten Sie Ihre Rechercheergebnisse kreativ auf, belassen Sie es nicht bei Listen und Tafeln, schreiben Sie, produzieren Sie Ihren eigenen Podcast oder werden Sie zur Dokumentarfilmer/in. Für uns ist dieser Schritt ein wesentlicher Bestandteil einer neuen, modernen Familienforschung.

Was liegt zunächst näher, als dies in Form einer Familienchronik zu machen. Wie Sie so ein Buchprojekt angehen, werden wir Ihnen weiter unten zeigen. Im Gegensatz zum Genealogen Stephan Kekulé von Stradonitz aus dem 19. Jahrhundert haben Sie heutzutage auch ungeahnte multimediale Möglichkeiten, Ihre Familiengeschichte darzubieten. Wir denken hier zum Beispiel an eine private Familien-Home-

page, an Audio-Podcasts mit Musik und den Stimmen Ihrer Familie oder an einen echten Dokumentarfilm. Klingt hoch gegriffen – ist aber einfacher zu realisieren, als Sie zunächst denken. Aller Anfang ist schwer, aber wir versprechen Ihnen – jetzt geht es erst richtig los.

Quellen sprechen lassen

Sie haben ein verrostetes Bügeleisen aus dem 19. Jahrhundert bei Ihren Recherchen entdeckt? Nehmen wir das als Beispiel. Zum einen können Sie es als faktische Quelle ansehen, als Überrest aus einer bestimmten Zeit. Eingeritzt ist vielleicht eine Jahreszahl oder eine Marke. Das verrät Ihnen etwas über das Alter und den Wert des Bügeleisens. Andererseits bleiben viele Fragen offen und geben Anlass zu Spekulation. Wem gehörte es und wer benutzte es? Welche Rolle spielte es in der Lebenswelt seiner Besitzer? Was kann es Ihnen über deren Geschichte verraten? Diese Fragen können Sie nur durch weitere Nachforschungen in Ihrer Familie und in Fachliteratur klären. Dabei entstehen Hypothesen und Erklärungsversuche. Fast zwangsläufig begeben Sie sich bei der Interpretation von Quellen auf eine Gratwanderung zwischen gesicherten Fakten und reinen Vermutungen. Das soll Sie nicht weiter verunsichern – es ist vielmehr eine spannende Beschäftigung. Gleichzeitig gilt: So viele Quellen Sie auch heranziehen, es wird immer nur eine Annäherung an die vergangene Wirklichkeit sein. So etwas wie die eine historische Wahrheit gibt es nicht. Absolute Objektivität ist unmöglich, Geschichtsschreibung wird immer eine Spur an Subjektivität aufweisen. Verstehen Sie dies nicht als Freifahrschein für grenzenlose Beliebigkeit, aber gerade im Rahmen einer persönlichen Familiengeschichte ist es legitim, Fragen aufzuwerfen, Vermutungen anzustellen und Sachverhalte zu interpretieren. Und Quellen können der Stein des Anstoßes dazu sein.

Ausgehend von Ihren Quellen sollten Sie sich nun erstmal an eine Sammlung von Ideen machen. In einem weiteren Schritt werden wir dann eine grobe Gliederung entwerfen. Zunächst geht es aber nur um die Frage, über was es sich überhaupt lohnt zu schreiben? Für eine gute Geschichte brauchen Sie in erster Linie gute Themen. »In fast jeder Familie gibt es Geheimnisse, die es spannend machen, tiefer in die Geschichte einzutauchen, um diese Geheimnisse zu entschlüsseln«, meint die Familienforscherin Helga Scabell. Ein guter Einstieg ist es, sich zunächst die richtigen Fragen zu stellen. Dann sind Sie auf dem richtigen Weg und die Ideen kommen fast von selbst. Um es Ihnen etwas leichter zu machen, haben wir hier ein paar Anregungen für Sie:

Historische Hintergründe:

- *Was charakterisiert den Zeitgeist einer Epoche?*

- *Was waren die bewegenden Ereignisse in Politik, Wirtschaft und Kultur?*
- *Wie lauteten die Themen eines Jahres?*
- *Welche Schlagzeilen dominierten die Presse?*
- *Wie lautet das Wort bzw. Unwort eines Jahres?*
- *Welche modischen und musikalischen Trends prägten ein Jahrzehnt?*
- *Wie hat sich die Gesellschaft verändert?*
- *Welche Klischees und Stereotypen gibt es über eine Epoche?*

Meilensteine im Leben eines Menschen:

- *Wie sieht die früheste Erinnerung in der Kindheit aus?*
- *Was waren die Highlights und Tiefpunkte der Schulzeit?*
- *Wie war der erste Kuss, das erste Auto, die erste eigene Wohnung?*
- *Welche Konflikte gab es mit der Elterngeneration?*

- *Mit 17 hatte man noch Träume… Welche?*

- *Auf welchen Wegen und Umwegen ging es in den Beruf?*

- *Der Tag, an dem ich Sie/Ihn traf?*

- *Ja und Nein - Heirat und Trennung?*

- *Endlich Mama/Papa/Oma/Opa!*

- *Gute Zeiten, schlechte Zeiten?*

- *Ruhestand/Pension – der zweite Frühling?*

- *Wirken über den Tod hinaus?*

Familienthemen:

- *Wie hat sich eine Familie sozial und regional bewegt?*

- *Wie prägten Krieg und Vertreibung?*

- *»I wanna be in America« – Neubeginn und Auswanderung?*

- *Welche Personen aus dem Umfeld der Kernfamilie sind von Bedeutung?*

- *Immer wieder Weihnachten – Rituale, Traditionen und Feste?*
- *Krisen und traumatische Erlebnisse?*
- *Die Achillessehne – Familienleiden und -krankheiten?*
- *Großvater, ein Kommunist? Politisches und soziales Engagement in der Familie*
- *Traditionelle Familienberufe und –unternehmen?*
- *Religion und Weltsicht?*
- *Erfolge und Niederlagen?*
- *Wir sind die … – Selbstverständnis und Identität?*
- *Schaffe, schaffe, Häusle baue – wie und wo wohnte die Familie?*

Umgang mit den Fragen

Zugegeben, die Auswahl der Fragen ist teilweise unkonventionell und deckt bei weitem nicht alles ab. Es geht darum, alternative Zugänge zu Familiengeschichten und ihren Geheimnissen zu finden.

Wir wollen Ihnen schon gar keinen verbindlichen Fragenkatalog mit wissenschaftlich-empirischem Anspruch vorschreiben, den Sie nun Punkt für Punkt abklappern müssen. **Lassen Sie sich von den Fragen inspirieren und formulieren Sie selbst neue Ideen, die über bekannte Standardfragen hinausgehen.** Je unbefangener Sie an das Thema Familiengeschichte herangehen, umso überraschendere Antworten werden sie bekommen.

Fragen dieser Art helfen Ihnen zum einen, mehr über Ihre Quellen herauszufinden und diese in einen historischen Zusammenhang einzubetten. Sie dienen der Hintergrundrecherche, um etwa das Bügeleisen als Quelle einordnen und seine Bedeutung für die Familie zu verstehen. Ziel des Fragens ist es zum anderen, Ihre Familie und deren Vergangenheit jenseits des Gerüsts aus Jahreszahlen kennen zu lernen. Versuchen Sie auf diesem Wege, sich in die Perspektive und Lebenswelt Ihrer Ahnen hineinzuversetzen. Notieren Sie sich alle Einfälle und Ideen, auch wenn einige zunächst unwichtig oder abstrus erscheinen mögen. Aus den kuriosesten Einfällen ergeben sich oft die besten Themen. Wichtig ist auch, wie Sie mit den gewonnenen Antworten umgehen. Das will heißen: Fragen Sie nicht nur nach dem Was, sondern immer auch nach dem Warum und dem Wie. Erst durch Hinterfragen wird sich Ihnen die Bedeutung eines Ereignisses erschließen. Noch ein Tipp: Stellen Sie diese Fragen auch direkt an Ihre Verwandten und Zeitzeugen.

Vom Thema zur Geschichte – Der rote Faden

Über die Fragen und die Definition Ihrer Familienthemen entwickeln Sie langsam Ihre Familiengeschichte. Diese Geschichte können Sie unterschiedlich strukturieren.

Chronologische Gliederung

Eine verständliche Gliederung für Ihre Familiengeschichte ergibt sich schon allein durch die Chronologie der Ereignisse. Ordnen Sie Ihre Information nach Jahren, Jahrzehnten oder Epochen/Phasen, zum Beispiel »Das Jahr 1848«, »Die 1960er Jahre« oder »Zwischen Erstem und Zweitem Weltkrieg«. Zu Überschriften dieser Art notieren Sie sich passend die Informationen, die Sie zusammengetragen haben. Ein weiterer Schritt des Gliederns könnte folgender Kniff sein: Suchen Sie sich zu jeder dieser Ober-Überschriften noch eine Art Einleitungssatz, einen Mittelsatz und einen Schlusssatz. Damit haben Sie eine Mini-Gliederung jedes Kapitels und die Ereignisse Ihrer Familiengeschichte sind in chronologische Abschnitte geordnet.

Thematische Gliederung

Eine weitere Möglichkeit, einen roten Faden zu erzeugen, ist die thematische Gliederung. Versuchen Sie, aus den gesammelten Informationen Leitmotive und Gemeinsamkeiten herauszufiltern, die Ihre persönliche Familiengeschichte charakterisieren. Diese können sich unabhängig von einer zeitlichen Gliederung ergeben. Formulieren Sie einige Kernworte oder Mottos, die Ihnen bei Ihrer Recherche aufgefallen sind. Diese können sich zum Beispiel an den oben vorgeschlagenen Fragen an Ihre Familiengeschichte orientieren. Um diese Schlagworte herum sammeln Sie nun alle verfügbaren Informationen. Stellen Sie sich das ganze als eine Art Mind-Map vor. Zum Beispiel könnte einer der Themenkomplexe »Neuanfang an fremden Ort« lauten und dann notieren Sie sich die gesammelten Informationen.

Im Lauf dieses Strukturierens und Ordnens werden Sie feststellen, dass einige Themen wichtiger, andere unwichtiger für Ihre Familiengeschichte sind. Somit nähern Sie sich einem inhaltlichen Kern der Familiengeschichte und trennen die Spreu vom Weizen. **Egal ob Sie chronologisch oder thematisch ordnen – beachten Sie, dass jede gute Geschichte darüber hinaus eine Einleitung, einen Hauptteil und einen Schluss hat.** Dies gilt sowohl auf die gesamte Familiengeschichte betrachtet, als auch in den einzelnen Unterkapiteln. So ergibt sich eine Art Spannungsbogen, der als roter Faden durch die Geschichte führt. Mit diesen Methoden der Strukturierung werden Sie sich wesentlich leichter zurechtfinden und Ihr Projekt scheitert nicht auf halbem Wege auf Grund der Übermenge an Informationen.

Aufs Papier – Familienchronik als Buch

Wir hoffen, dass Sie mittlerweile übersprudeln vor Inspirationen und Ideen, die nun aufs Papier gebracht werden wollen. Eine Familienchronik als Buch ist vermutlich die einfachste Art und Weise, Ihre Geschichte in Szene zu setzten. Hierfür benötigen Sie nur ein Textverarbeitungsprogramm, wie etwa Microsoft Office oder das kostenlose Open Office und noch ein Bildbearbeitungsprogramm wie etwa Microsoft Picture oder Adobe Photoshop. Einmal am Computer verfasst, lässt sich die Chronik unendlich oft vervielfältigen, korrigieren und kann von späteren Generationen weitergeschrieben werden.

Die eigentliche Hürde ist aber vielleicht nicht technischer, sondern eher kreativer Natur. Der PC läuft, das Textverarbeitungsprogramm ist geöffnet und nun starrt Ihnen ein virtuelles, weißes Blatt Papier ins Gesicht und Sie wissen nicht, wie um alles in der Welt Sie die ersten Sätze, geschweige denn Absätze schreiben sollen. Und vor allem: **Wie schreibe ich gut, interessant, packend und spannend?** Spätestens jetzt ist es an der Zeit, den PC nochmals auszuschalten und ein echtes, weißes Blatt Papier zur Hand zu nehmen. Damit werden wir Schreibblockaden aus dem Weg räumen. Denn kreatives Schreiben ist keine rein angeborene Gabe, man kann es lernen und trainieren – so das Credo vieler Schreib-Trainer. Die ersten Techniken der Themensuche und -gliederung haben Sie auf den vorherigen Seiten schon kennen gelernt.

Das war ein guter und unumgänglicher Anfang. Aber wie formen Sie daraus nun eine ganze Geschichte? **Überwinden Sie die Perfektionismusfalle: Dieses erste Werk wird kein Weltbestseller.** Unser Schreibtraining wird Ihnen aber helfen, Schreibblockaden und die sprichwörtliche Angst vor dem leeren Blatt Papier zu überwinden. Schließlich soll Ihre Familiengeschichte attraktiv formuliert sein und nicht im Regal verstauben – sie will gelesen werden! Judith Barrington, international erfolgreiche Schreibtrainerin, hat uns in einem Interview Tipps für die Arbeit am Text gegeben.

Interview mit Judith Barrington über kreatives Schreiben

Die Autorin Judith Barrington ist Dozentin für Creative Writing an verschiedenen Universitäten und lebt in Portland, USA.

Sind Sie sicher, dass es sich lohnt, seine eigene Lebensgeschichte zu schreiben?

Egal, was in einem Leben passiert: Jedes Leben ist es wert, aufgeschrieben zu werden. Wahrscheinlich ist es vor allem für die eigenen Nachkommen spannend, eine solche Lebensgeschichte zu lesen. Dabei spielt es keine Rolle, ob der Verfasser gut schreiben kann oder nicht. Wenn eine Lebensgeschichte aber gut geschrieben ist, kann sie auch für Außenstehende interessant werden. Je besser etwas geschrieben ist, desto einfacher fällt es Lesern, in die Geschichte einzutauchen. Seine Lebensgeschichte aufzuschreiben lohnt sich aber auch deshalb, weil die vielen persönlichen Erzählungen in der Gesamtheit Zeitgeschichte dokumentieren. Patricia Hampl schrieb in ihrem Aufsatz »Memory and Imagination«: »Wir dürfen Zeitgeschichte nicht ein paar wenigen Historikern überlassen.«

Also: Viele – vielleicht fast alle – Menschen, die vorhaben, autobiografisch zu schreiben, fragen sich natürlich, ob es »sich lohnt«. Die bedeutendere Frage ist aber vielleicht, ob man es tatsächlich will. Und wenn ja, ob man die Zeit, die Fähigkeit und die Emotionen, die nötig sind, um der Sache gerecht zu werden, auch investieren möchte.

Wie schafft man es, die ersten Seiten zu schreiben? Wie beginnt man und warum ist gerade der Anfang so schwierig?

Einfach anfangen! Die ersten Seiten, die man schreibt, werden mit großer Sicherheit nicht die ersten Seiten der Geschichte sein. Der gesamte Prozess über Schreiben, Korrigieren bis hin zur Herausgabe beinhaltet auch, dass Kapitel oder Ereignisse neu angeordnet werden. Beim Schreiben sollte man damit anfangen, was für einen selbst am spannendsten oder herausforderndsten ist bzw. was einem am stärksten auf der Seele brennt.

Der erste Schritt ist nicht nur deshalb so schwer, weil man anfangen muss zu schreiben, sondern weil man mit dem Schreiben hohe Erwartungen gegenüber sich und seinen Lesern aufbaut. Man trifft schließlich Entscheidungen darüber, was wichtig ist und was nicht, und man gibt vor, seine eigene Geschichte zu verstehen, die man aber auch anderen verständlich machen muss – das macht die Sache so schwierig.

Kann ich eigentlich meiner eigenen Erinnerung trauen? Jeder erinnert sich schließlich anders an die Vergangenheit?

Zwei Personen erinnern sich an ein Ereignis niemals in der gleichen Art und Weise. Bei einem Unfall erzählen Zeugen unterschiedliche Versionen. Geschwister glauben vehement an unterschiedliche Familiendynamiken. Das, was ich schreibe, sind »literarische Erinnerungen«. Dabei ist Erinnerung nicht gleichzusetzen mit erforschter Geschichte, sondern, so würde ich es sagen: die Geschichte deines Gedächtnisses. Seien Sie so ehrlich zu Ihrem Gedächtnis wie nur möglich. Seien Sie ein ehrlicher Autor. Gestehen Sie Ihren Lesern ein, wenn Sie etwas nicht mehr wissen. Spekulationen hingegen sind nicht verboten, solange Sie deutlich machen, dass Sie spekulieren. Benutzen Sie Sätze wie: »Ich frage mich oft, ob ...« oder »Früher dachte ich oft ... aber heute neige ich eher dazu, zu glauben, dass ...« Der Leser erkennt die Gedächtnislücken, die uns allen nicht fremd sind.

Kennen Sie eine Technik für das Schreiben über Familienmitglieder, die vor über 100 Jahren gestorben sind? Ein paar Übungen für die historische Vorstellungskraft?

Ich denke, beim Schreiben über längst verstorbene Familienmitglieder ist es wichtig, sich klar zu machen, wie und woher man Dinge weiß. Hat man alte Briefe gefunden? Wurden einem Geschichten über denjenigen erzählt? Oder versucht man sich vorzustellen, wie das Leben desjenigen wohl war. Man kann die Gedanken oder die Gefühle eines längst verstorbenen Vorfahren nicht so wiedergeben, als kenne man diese genau. Erneut muss ersichtlich werden, dass man spekuliert. Manchmal ist die beste Geschichte die Geschichte des eigenen Vorgehens bei der Suche nach Antworten über den Vorfahren.

Über Frauen in der Vergangenheit zu schreiben, gestaltet sich oft als sehr schwierig. Einige führten durch die Unterdrückung in der eigenen Familie ein langweiliges Leben, andere waren zu faul oder schlicht zufrieden damit, ein Leben ohne eigene Ambitionen zu führen. Wie soll man fair über weibliche Vorfahren schreiben?

Ich erinnere mich an meinen Großvater, der Hobbyastrologe war. Er fertigte astrologische Charts für seine Eltern, Geschwister und Kinder an. Bei allen Frauen begann seine Interpretation folgendermaßen: »Wenn sie ein Mann wäre ...«. Anschließend beschrieb er, worin sich die Frau hervorgetan hätte. Über Frauen in der Vergangenheit zu schreiben, setzt voraus, sich mit der Epoche auseinanderzusetzen, in der sie gelebt hat. Man muss sich über die Restriktionen im Klaren sein, mit denen Frauen zu kämpfen hatten. Sei es im Alltag, seien es ihre Ambitionen oder ihre Sehnsüchte. Diese Restriktionen müssen dem Leser nahegebracht werden. Beschreiben Sie die gesellschaftlichen Normen, die Diskriminierung bei der Bildung und Beruf, etc. Gehen Sie auf gesetzliche oder andere Konsequenzen ein, die drohten, wenn sich eine Frau sich nicht an die herrschenden sozialen Regeln hielt. Die gesellschaftlichen Erwartungen betraf nicht nur die spezielle Vorfahrin, sondern fast alle Frauen der damaligen Zeit.

Freies Schreiben

Textarbeit ist wie mentales Krafttraining. Je häufiger Sie trainieren, desto leichter werden Sie Seiten füllen und umso zufriedener können Sie sein. Wenn Sie erst einmal Routine haben, fließen die Worte nur so. Als Einstieg kann das so genannte freie Schreiben helfen. Nehmen Sie sich einfach ein Stichwort aus den recherchierten Informationen, sagen wir zum Beispiel Ihren ersten Schultag, und schreiben Sie einfach munter drauf los. **Ohne Planung, ohne Ziel, lassen Sie die Gedanken und Assoziationen einfach strömen.** Abschweifen ist ausdrücklich erlaubt, alles was Ihnen in den Sinn kommt, ist wert, auf Papier festgehalten zu werden. Mit Hilfe einer stichwortartigen Materialsammlung, die Sie zu Beginn angelegt haben, gelingt Ihnen eine vorläufige Strukturierung der Kapitel in Abschnitten. Überarbeiten können Sie das Ergebnis dann in einem zweiten Schritt – jetzt zählt es erst einmal, den Einstieg ins Thema zu finden. Manchen Autoren hilft es, mit dem letzten Satz eines Kapitels zu beginnen, da der Anfang bekanntlich besonders schwierig ist. Probieren Sie es einfach einmal aus und Sie werden sehen: Der Sprung von einzelnen Stichwörtern zu einem ganzen Text gelingt leichter, als man sich vorstellt. Das unbedarfte »Drauflos-legen« hat einen weiteren Vorteil: Es ist eine Art (auto-) biografisches Schreiben und in diesem Sinne ein Mittel der biografischen Selbsterfahrung. Aus psychologischer Sicht bedeutet Schreiben, etwas über sich selbst Preis zu geben und in Erfahrung zu bringen. Dies offenbart sich gerade beim freien Schreiben. Erinnern, Wiederholen und Durcharbeiten – diese drei zentralen Aspekte in der Psychoanalyse Sigmund Freuds lassen sich auch auf den Prozess des kreativen Schreibens ummünzen. Durch Erinnern bringen Sie Wissen über Ihre Vergangenheit in Erfahrung. Diesen Schritt haben Sie schon durch das Fragenstellen im vorherigen Kapitel kennen gelernt. Wiederholen bedeutet in diesem Kontext, dass Sie die Erlebnisse der Vergangenheit – auch die Ihrer Vorfahren – im (freien) Schreiben noch einmal neu erfahren und durchleben. Und das Durcharbeiten wird dann als das eigentliche kreative Schreiben gesehen, indem Sie einen ersten Rohtext gestalten und umschreiben. Damit wollen wir Sie nicht gegen Ihren Willen auf Freuds Couch zwingen, sondern Ihnen eine Möglichkeit vorstellen, wie Sie sich Ihrer Familiengeschichte annähern können.

Erzählperspektive und Schreibstil

Der Charakter eines Textes wird nicht nur durch geniale Einfälle und Themen geprägt, sondern in erster Linie auch durch die Art des Erzählens. Mit wie viel Distanz oder Nähe bringen Sie sich selbst als Erzähler in die Geschichte mit ein? Stellen Sie sich Ihre erzählerische Präsenz in der Familiengeschichte auf einer Skala von unsichtbar bis sichtbar vor. Je unsichtbarer Sie sich als Erzähler verhalten, umso distanzierter, sachlicher und nüchterner ist die Wirkung. Diese Erzählweise ist charakteristisch für einen rein beschreibenden Erzähler in der dritten Person. »Am 11. Januar 1941 wurde Helmut Schmidt an die Ostfront versetzt, nachdem er Weihnachten noch mit seiner Familie feiern konnte.« Bewegen Sie sich aber auf das andere Ende der Skala zu, dann hinterlassen Sie sichtbare Spuren im Text. Sie nehmen an der Geschichte Anteil und bringen sich selbst mit ein, als persönlicher Ich-Erzähler. »Mein Großvater Helmut erzählte mir immer wieder, wie es damals im Januar 1941 Richtung Osten ging. Weihnachten hatte er noch im Kreise unserer Familie verbracht.« In beiden Beispielen handelt es sich um den gleichen Sachverhalt, nur von unterschiedlichen Erzählerrollen geschildert. Was Sie überzeugt, ist Geschmackssache, aber scheuen Sie sich in einer Familiengeschichte nicht vor persönlichen Zugängen.

Wechseln Sie das Genre: Verfassen Sie einen Brief an Ihre verstorbenen Urgroßeltern, gratulieren Sie zur Goldenen Hochzeit und lassen Sie ihr Leben Revue passieren. Oder Sie berichten den Vorfahren von Ihrer Recherchearbeit und all den noch offenen Fragen, die Sie gern stellen würden. So bereichern Sie Ihren Text um eine reflexive Ebene, die für Ihre späteren Leser sicherlich aufschlussreich ist.

Ob eine Geschichte überzeugt und fesselt, ist nicht nur eine Frage der angemessenen Erzählsituation, sondern gerade auch des Schreibstiles. Ihr Ziel ist es, einen Kinofilm im Kopf des Lesers abspielen zu lassen. Dies schaffen Sie durch geschickte Wortwahl im Text. Um bildhaft und plastisch zu schreiben, müssen Sie selbst erst einmal in Bildern denken. Erst wenn Sie sich eine Situation lebhaft vorstellen können, können Sie dies auch sprachlich transportieren. Bilder können zum Beispiel ein guter Einstieg in ein Kapitel sein, um sich in eine Situation hineinzuversetzen. Arbeiten Sie weiterhin nicht nur mit visuellen Reizen, sondern sprechen Sie alle Sinne an: Geruch, Geschmack, Hören, Fühlen. Wie roch es in Großmutters Küche immer? Wie hörte sich der Berliner Alexanderplatz Mitte der 1920er Jahre an? Wie schmeckten die ersten Erdbeeren des Jahres? Wie fühlte sich das Fell der Pferde an, mit denen Ihr Urgroßvater noch die Felder bestellte? Experimentieren Sie doch einfach mit diesen Mitteln und finden Sie eine passende Mischung aus einem rein nüchtern-beschreibenden und szenischen Erzählen.

Zu guter Letzt gilt eine alte Weisheit: Kreativität lässt sich nicht erzwingen. **Wenn Sie an einem Punkt angelangen, an dem Ihnen die Ideen ausgehen, dann legen Sie ihr Familiengeschichtsprojekt bei Seite und machen eine Pause.** Die besten Ideen kommen meist eh nicht, wenn man am Schreibtisch sitzt, sondern dann, wenn man Sie nicht erwartet – zum Beispiel beim Zähneputzen.

Inhalte einer Familienchronik

Nachdem Sie sich sprachlich aufgewärmt haben, geht es jetzt ans Eingemachte: Wie kann eine Familienchronik konkret aussehen? Eine feste Form gibt es nicht, jedoch ist es meist am einfachsten chronologisch vorzugehen und mit den frühesten bekannten Ahnen zu beginnen. Stellen Sie zum Beispiel die Familienkarte, Ahnentafel oder den Stammbaum an den Anfang Ihrer Chronik, um dem Leser einen ersten Überblick zu bieten. Als nächstes schlagen wir Ihnen eine Mischung aus personenbezogenen und geschichtsbezogenen Kapiteln vor. Zum einen sollte jedes Familienmitglied mit einem eigenen Kapitel gewürdigt werden. Hier ist Platz für eine individuelle Biografie. Gleiches ist auch für ganze Familien oder Ehen denkbar, und – wenn Sie sich an Kapitel drei erinnern – auch für die sozial und ideell prägenden Vorfahren. In diese Kapitel fließen all die Informationen, die den einzelnen Menschen charakterisieren. Zum anderen sind Kapitel mit dem jeweiligen geschichtlichen Hintergrund interessant, um Ihre Familiengeschichte in den Gesamtzusammenhang zu betten. Sprechen Sie auch Themen an, die die Familie als ganzes oder eine Generation betroffen haben und nicht nur eine einzelne Person, etwa Krieg, Vertreibung und Auswanderung. Solche Kapitel fungieren als Bindeglied zwischen den jeweiligen Generationen und machen Veränderungen, aber auch Kontinuitäten deutlich.

Ein interessantes Stilmittel können einzelne Kapitel sein, die sich schlaglichtartig mit besonders entscheidenden, traurigen wie originellen Ereignissen (Omas erster Schultag, Opa schließt die Backstube für immer ab, die verregnete Hochzeitsreise der Eltern nach Dänemark) beschäftigen. So beleben Sie Ihre Darstellung durch starke Bilder, können aus den Interviews einmal ausführlich und emotional zitieren und große Nähe zu den Hauptpersonen aufbauen. Wenn es in der Familie kontroverse Ereignisse wie beispielsweise eine Scheidung gab, schildern Sie dieses Kapitel doch aus gegensätzlichen Perspektiven. Möglich wäre auch, hier einmal eine außenstehende Person mit einer neuen Perspektive auf die Familiengeschichte zu Worte kommen zu lassen.

Was hat noch Platz in der Chronik? Jedes Erforschen von Familiengeschichte ist detektivische Arbeit. Gibt es ein Familiengeheimnis, dem Sie auf die Spur gekommen sind? Thematisieren Sie dies ruhig und nehmen Sie Ihre Leser mit auf Ihre Entdeckungsreise. Woher haben Sie Ihre Informationen? Erklären Sie, wie Sie vorgegangen sind, auf welche Schwierigkeiten Sie gestoßen sind und welche Erfahrungen Sie gemacht haben. Legen Sie immer offen, woher Sie eine Information haben. Fußnoten mögen zu wissenschaftlich wirken, gehören aber eigentlich dazu. Sie lassen sich auch dezent in den Anhang verfrachten.

Auflockern können Sie Ihre Familienchronik mit Originalzitaten, etwa aus Briefen und aus Interviews, mit Familienwitzen, Ausschnitten aus Schulheften und Zeugnissen, Familienrezepten und vielem mehr. Versuchen Sie, so persönlich wie möglich zu schreiben – es geht um Ihre Familie und Freunde, nicht um fremde Menschen. Wichtig ist, dass Sie neben dem eigentlichen Schreiben auch Zeit in die grafische Gestaltung investieren. Richtig authentisch wird Ihre Familienchronik erst mit alten Fotos, Karten und Kopien von Dokumenten. Sie sind mehr als nur bunte Auflockerer der Seiten. Eingescannt lassen sie sich unmittelbar in den Text und in Ihre Argumentation einbauen. Fügen Sie schließlich der gesamten Chronik noch ein Inhaltsverzeichnis und einen Bild- und Quellennachweis bei – und fertig ist Ihr Werk (fast).

Die Familiengeschichte als Buch

Wie bringen Sie nun das fertige Manuskript aufs Papier? Daheim drucken ist natürlich am einfachsten. Da Sie sich nun aber schon einiges an Arbeit gemacht haben, sollten Sie Ihre Chronik fest binden lassen. Dies erledigt jedes Schreibwaren- oder Kopiergeschäft für ein paar Euro pro Exemplar. Wenn es etwas professioneller aussehen soll, könnten Sie einen Grafiker beauftragen und Ihre Familiengeschichte als echtes Buch veröffentlichen. Für Grafiker können Sie Preise von wenigen Euro pro Seite bis hin zu 20 oder 30 Euro pro Seite einrechnen. Nach oben hin gibt es bei der Gestaltung eigentlich keine Grenzen. Wenn Sie Infografiken, aufwendige Bildretuschen, handgezeichnete Illustrationen haben wollen, wird es schnell teuer. Preiswerter wird es, wenn man Standardlayouts auswählt. Auf jeden Fall sollten Sie die Art und Weise der Gestaltung mit einem Grafiker vorab genau klären. Fragen Sie nach Mustern, lassen Sie gegebenenfalls eine Musterseite für Ihr Buch gestalten. Lassen Sie sich für die Kosten schriftliche Angebote machen und erteilen Sie schriftliche Freigaben. Gerade bei gestalterischen Fragen gibt es immer einen großen Interpretationsspielraum.

Ein Buch drucken lassen und publizieren

Die eigene Familiengeschichte können Sie also im Copyshop vervielfältigen lassen. Wenn Sie eine große Familie haben und mehr als 20 oder 30 Exemplare Ihrer Familiengeschichte verteilen wollen, dann kann es sich lohnen, das Manuskript nicht zu kopieren und binden zu lassen, sondern Dienstleister für digitalen Buchdruck zu nutzen. Die drucken Bücher im Digitaldruckverfahren, binden die Bücher und veredeln die Bücher auch teilweise (Prägestempel etc.).

Sie können Ihr Werk allerdings auch auf einer der mittlerweile zahlreichen so genannten Self-Publishing-Portale veröffentlichen. Auf diesen Portalen können Sie in wenigen Schritten Texte und Bilder hochladen, zwischen mehreren standardisierten Layouts auswählen, Bindung und Papiere auswählen und sogar Ihr Werk mit eigener ISBN in den Buchhandel bringen. Das Verfahren ist relativ einfach, trauen Sie sich ruhig!

Self-Publishing-Portale

www.bod.de
www.epubli.de
https://kdp.amazon.com/self-publishing/help

Wenn Sie finden, dass Ihre Familiengeschichte für ein breiteres Publikum interessant sein könnte, können Sie auch überlegen, ob Sie das Manuskript einem Verlag anbieten. Es gibt so genannte Zuschussverlage. Bei denen müssen Sie für die Dienstleistung des Verlags Geld bezahlen – das kann bis zu einigen tausend Euro kosten. Manche solcher Zuschussverlage bitten unserer Meinung nach zu sehr zur Kasse. Gucken Sie sich die Angebote deshalb genau an und vergleichen Sie. Zuschussverlage gibt es zur Genüge. Und bevor Sie viel Geld für wenig Dienstleistung ausgeben, sollten Sie doch noch einmal die Möglichkeiten der Self-Publishing-Plattformen prüfen. In der Regel werden Sie es – da sollte man realistisch sein – nicht schaffen, einen Verlag davon zu überzeugen, ganz auf eigene Kosten zu veröffentlichen – und Ihnen gegebenenfalls auch noch einen Vorschuss zu zahlen und eine Verkaufsbeteiligung von mehr als 10 Prozent anzubieten. Das passiert nur bei den ganz starken Themen. Sie müssten schon eine Promi-Familiengeschichte anbieten, die hohe Verkäufe erwarten lässt. Aber selbst bei solchen Deals müssen Sie teils ein druckfertiges Werk abliefern, Lektorat und Korrektorat ist nicht inklusive, manchmal müssen Sie auch bestimmte Mengen Ihres eigenen Buches dem Verlag abkaufen – und zahlen so indirekt dann doch wieder einen Zuschuss. Aber wie gesagt: Die Zusammenarbeit lohnt, wenn ein breiteres Publikum angesprochen werden soll. Für alles andere, das Verteilen im kleinen Familien- oder Freundeskreis, reichen auch die do-it-yourself-Varianten des Publizierens.

Interview mit Sebastian Wolff-Marting über Persönlichkeitsrechte bei der Ahnenforschung

Sebastian Wolff-Marting ist Rechtsanwalt und Fachanwalt für gewerblichen Rechtsschutz in der Kanzlei SEWOMA in Berlin (www.SEWOMA.de)

Kann man einfach über alle Familienmitglieder schreiben, was man will?

Wer Aufzeichnungen über die eigene Familie für sich selbst anfertigt und keine Veröffentlichung plant, muss sich nur in Extremfällen Gedanken zur Rechtslage machen. Das Bundesverfassungsgericht hat in einem Fall die Verwertung höchstpersönlicher Aufzeichnungen erlaubt, bei dem es um die Ahndung eines Mordfalles ging, zugleich aber festgestellt, dass ein staatlicher Zugriff auf solche Unterlagen in weniger gravierenden Fällen nicht zulässig ist. Wer für sich selbst schreibt, muss sich also keine Gedanken um möglicherweise beleidigende Formulierungen oder unbewiesene Gerüchte machen.

Wie ändert sich die Situation bei einer Publikation? Muss ich auch bei einer Vervielfältigung meiner Familiengeschichte im Copy-Shop und einer kleinen Auflage irgendwelche Rechte anderer berücksichtigen?

Im Falle einer Veröffentlichung muss der Autor die Persönlichkeitsrechte aller betroffenen Familienmitglieder und sonstigen Protagonisten wahren und zwar auch dann, wenn es sich nur um eine kleinere Auflage handelt. Verboten und gegebenenfalls gerichtlich verfolgbar durch die jeweils betroffenen Personen sind neben Beleidigungen auch unwahre Tatsachenbehauptungen, wobei zu berücksichtigen ist, dass grundsätzlich derjenige der etwas über eine andere Person behauptet, die Wahrheit seiner Behauptung beweisen muss. Zu unterscheiden sind noch die Persönlichkeitsrechte von lebenden Personen und diejenigen von Personen, die bereits verstorben sind. Zwar billigt die Rechtsprechung auch Verstorbenen ein durch die Erben wahrzunehmendes Persönlichkeitsrecht grundsätzlich zu, doch verblasst dieses mit der Zeit, bis es vollständig verschwindet. Keine Gedanken muss sich also machen, wer über frühe Vorfahren recherchiert und schreibt.

Wie kann man den juristischen Fallstricken bei einer Publikation begegnen?

Auf der sicheren Seite ist ein Autor, wenn er sein Werk den darin behandelten Personen vorlegt und von diesen eine ausdrückliche Freigabe eingeholt. Dies sollte der besseren Beweisbarkeit halber entweder schriftlich oder unter Zeugen geschehen.

Kann eine einmal ausgesprochene und vielleicht sogar schriftlich freigegebene Darstellung von Betroffenen widerrufen werden?

Die einmal erteilte Einwilligung in eine Veröffentlichung kann zumindest nicht ohne weiteres widerrufen werden. Denkbar ist ein wirksamer Widerruf dann, wenn wesentliche Lebensumstände des Betroffenen sich gewandelt haben oder neue Tatsachen bekannt werden, die die Darstellung berühren. Davon zu unterscheiden ist allerdings die Frage, wie weit die Einwilligung im Einzelfall reicht, ob also Folgeauflagen, weitere Veröffentlichungen oder die Veröffentlichung an anderer Stelle, zum Beispiel im Internet statt als Buch, davon erfasst sind.

Familiengeschichte online stellen

Wenn Sie Lust haben, beim Verfassen Ihrer Familiengeschichte Neuland zu betreten, dann stellen wir Ihnen nun einige weitere Möglichkeiten vor. Die Entwicklung des Internets in den letzten zehn Jahren hat so einiges hervorgebracht, was für Sie interessant sein könnte. Die Zeiten, als Genealogie im stillen Kämmerlein und in stickigen Archiven stattfand, sind vorbei. Längst sind Familienforscher in die Weiten des World Wide Webs vorgedrungen und haben neue Gebiete für sich erschlossen. Nicht nur, dass Sie hier Kontakt zu Gleichgesinnten finden, sich über Ihre Erfahrungen austauschen und einen Großteil der Recherche bequem von daheim erledigen können. Das Internet bietet Ihnen auch Möglichkeiten, Ihre Familiengeschichte interaktiv zu gestalten und zu präsentieren. Sie bleibt nicht mehr an einem Einzelkämpfer (wie Ihnen) hängen, sondern kann zu einem kommunikativen Projekt der ganzen Familie werden. Sie schauen noch etwas skeptisch?

Los geht es mit der Darstellung Ihrer Familiengeschichte in Form einer klassischen Internetseite. Mit etwas Experimentierfreude und Zeit zum Einarbeiten sind Sie schon bald Besitzer Ihrer eigenen Familienhomepage. Die Vorteile liegen auf der Hand: Verwandte und Freunde können von jedem beliebigen Ort und zu jeder Zeit auf Ihre Seite zugreifen und Ihren Forschungsstand betrachten. Außerdem können Sie die Website jederzeit aktualisieren. Sie als Autor müssen weder Programmierer noch Computerexperte sein, um eine Familienseite aufzubauen.

Webseite gestalten

Um eine einfache Internetseite einzurichten, brauchen Sie lediglich einen Webeditor. Das ist ein Programm, mit dem Sie Internetseiten erstellen können, ohne dass Sie die Programmiersprache HTML beherrschen müssen. Diese Programme helfen Ihnen mit fertigen Bauelementen, Ihre persönliche Internetseite je nach Gusto zusammenzustellen. Dort ist dann Platz für Fotogalerien, Grafiken wie Ihren Stammbaum und Texten über Ihre Familie. Diese Programme beinhalten auch immer eine ausführliche Anleitung, die (hoffentlich) all ihre technischen Fragen beantwortet. Leider gibt es kaum gute Webeditoren, die kostenlos als so genannte Shareware zu haben sind. Bewährt haben sich kostenpflichtige Programme wie etwa Microsoft Frontpage oder der Adobe Dreamweaver.

Webadresse und Webspace sichern

Ist Ihre Homepage fertig, benötigen Sie als nächstes einen Ort, wo sie im Internet gespeichert wird. Die meisten Internetanbieter vergeben Online-Speicherplatz kostenlos an Ihre Vertragskunden. Erkundigen Sie sich einfach direkt bei Ihrem Provider. Ansonsten gibt es zahlreiche kostenlose und kostenpflichtige

Angebote, beispielsweise den Webspace-Anbieter 1&1, bei dem Sie nach dem Do-it-yourself-Prinzip baukastenartige Homepages erstellen können. Ein Tipp: Mittlerweile bieten Genealogievereine ihren Mitglieder ebenfalls kostenlosen Webspace speziell für Familiengeschichtsforschung an, siehe etwa http://www.genealogy.net/privat.

Sie brauchen noch eine Adresse, die so genannte Domain, die Sie mit Ihrer Homepage verknüpfen. Wie immer gibt es hier kostenpflichtige Angebote, bei denen Sie ein paar Euro pro Monat für Ihre eigene Internetadresse zahlen müssen. Oder Sie entscheiden sich für eine kostenlose Option, müssen dann aber in Kauf nehmen, dass der Anbieter im Gegenzug einen Werbebalken auf ihre Homepage platziert (z.B.: http://www.domains-geschenkt.de). Falls Ihre Wunschadresse noch nicht vergeben ist, können Sie diese in der Regel frei auswählen. Nun müssen Sie nur noch die Domain mit dem Webspace verknüpfen und Ihre Familienhomepage geht online.

Manche Anbieter bieten auch Komplettpakete: Adresse inklusive Webspace. Bei www.strato.de prüfen Sie einfach, ob Ihre Wunschadresse noch frei ist, Sie können die Domain dann zusammen mit dem Webspace mieten.

Von nun an kann jeder Ihre Seite ansurfen. Es soll aber nicht beim passiven Staunen bleiben. Laden Sie Ihre Familie und Verwandten ein, beim Schreiben der Familiengeschichte mitzumachen. Zwei Erweiterungen helfen dabei: Warum integrieren Sie in Ihre Familien-Seite nicht ein virtuelles Gästebuch, in dem die Besucher ihre Meinungen und Anregungen hinterlassen können? Fordern Sie die Besucher ausdrücklich auf, mit einzusteigen in das Projekt Familienforschung. So bringen Sie Neues in Erfahrung und bieten die Plattform für eine entstehende Auseinandersetzung mit Ihrer Familiengeschichte. Ein kostenloses Gästebuch gibt es zum Beispiel unter www.gaestebuchking.de. Richtig ins Gespräch kommen Sie aber mit der zweiten Ausbaumöglichkeit – einem Diskussionsforum (zum Beispiel: www.forumieren.com). Hier können Ideen und neue Erkenntnisse nicht nur eingereicht, sondern von allem weiter kommentiert und diskutiert werden. Im Idealfall führt dies zu einem regen Austausch und die Familiengeschichte entsteht im gemeinsamen Diskurs. So können Sie auch gut feststellen, welche Themen Ihre Familie bewegen und charakteristisch sind. Ihnen kommt dann die Funktion des Moderators zu, der den Überblick behält und die Ergebnisse zusammenträgt. Nun wollen Sie aber vielleicht nicht, dass alle Welt ungeniert in Ihrer Familiengeschichte stöbern kann. Privatsphäre ist auch im Internet möglich. Wenn Sie Ihre Seite nur der Familie zugänglich machen wollen, können Sie einen Zugangscode und ein Passwort schalten, die man braucht, um in den privaten Mitgliederbereich zu kommen. Wie so eine fertige Familienhomepage aussehen kann, können Sie sich auf der Seite der Familienforscherin Helga Scabell ansehen: www.genealogy.net/privat/scabell/html/index1.htm

Bloggen – die einfachste Art, Familiengeschichte online darzustellen

Wenn es mehreren Leuten erlaubt sein soll, wirklich mitzuschreiben, dann ist ein Familien-Blog vielleicht der Königsweg. Blogs, ursprünglich Weblogs (aus World Wide Web und Log für Logbuch), sind aus der heutigen Internetkultur nicht mehr wegzudenken. Der Unterschied zur normalen Homepage ist, dass Blogs meist nur eine Inhaltsebene haben, die aber schnell und unkompliziert erweitert werden kann. Hier ist ebenso Platz für Bildergalerien (z. B. mit dem kostenlosen Programm Picasa), Onlineatlanten (GoogleMaps) und Hyperlinks zu weiterführenden Informationen. Die große Chance eines Familien-Blogs liegt darin, dass jeder mit Zugangscode und Passwort Texte abändern und neue Beiträge verfassen kann. So entsteht eine lebendige Diskussion. Nun können Sie einwenden: Zu viele Köche versalzen die Suppe. Wie sollen mehrere Menschen über das Internet eine stimmige Familiengeschichte zusammenstellen? Die Antwort ist ganz einfach: Es ist ein Experiment und in der Tat Pionierarbeit. Eine offene Familiengeschichte ohne klassische Konventionen. Vielleicht ist das Ergebnis auch nicht das, was Sie anfänglich einmal im Sinn hatten. Aber es wäre ein neuer Versuch, Familiengeschichtsschreibung kreativ zur Schau zu stellen, nicht allein mit dem perfekten Endprodukt vor Augen, sondern dem interaktiven und offenen Entstehungsprozess als eigentlichem Ziel.

Kostenlose Weblog-Systeme

www.wordpress-deutschland.org
www.blogger.com

Stimmen aus der Vergangenheit – Familiengeschichte als Podcast

Gehen wir noch einen Schritt weiter: Wie wäre es, Ihre Familiengeschichte nicht nur interaktiv, sondern auch multimedial zu gestalten? Warum erzählen Sie Ihre Familiengeschichte nicht einfach mündlich, als aufgezeichnete Audio-Datei, auch Podcast genannt. Podcast setzt sich aus den Wörtern iPod (einem Musikabspielgerät) und to broadcast (engl.: aussenden) zusammen. Die Wortschöpfung hat sich mittlerweile durchgesetzt als Begriff für Audio-Dateien, die man sich im Internet entweder als Live-Stream anhören oder ganz herunterladen kann. Radiosender stellen zum Beispiel mittlerweile Mitschnitte ihres Programms zum freien Abrufen ins Internet, das nennt man dann Audio on Demand. Aber auch unter Privat-Surfern werden Podcasts immer beliebter. So gibt es Podcasts mit Kochrezepten, Technik-Tipps, Urlaubserlebnissen, Sprach-Lern-Programmen und vielleicht bald Ihrer Familiengeschichte.

Grundsätzlich sind zwei unterschiedliche Podcast-Varianten für Ihre Familiengeschichte denkbar. Die erste, in Form einer Art Hörspiel oder Radio-Feature, gibt Ihnen die Möglichkeit, Interviews mit Familienmitgliedern und Zeitzeugen, Musik im Hintergrund und Soundeffekte mit einzubinden. Das alles funktioniert nicht mit Anführungszeichen wie in einem Text, sondern mit den tatsächlichen Originalbeispielen. Ist es nicht viel überzeugender, wenn die Stimme Ihrer Großmutter aus ihrer Jugend berichtet, als wenn Sie indirekt davon erzählen und zitieren? Podcasts leben von der Authentizität ihres Inhalts und können viel mehr Atmosphäre und Faszination transportieren als ein stummes Stück gedruckter Text. Denkbar wäre, dass Sie jedem Vorfahren oder jeder Generation eine Folge widmen. Zum zweiten haben Podcasts einen weiteren Anreiz. Sie ermöglichen es Ihnen, eine Stimmen-Bibliothek Ihrer Familie anzulegen. Natürlich können Sie keine Verstorbenen interviewen. Aber Sie haben immerhin die Gelegenheit, Interviews der lebenden Generation aufzuzeichnen.

Produktion

Für die Aufzeichnung einer Audiodatei benötigen Sie entweder ein Aufnahmegerät oder ein Mikrofon, das Sie direkt an den PC anschließen können. Die gesammelten Aufnahmen können Sie dann in einem Audioschnittprogramm bearbeiten. Schneiden Sie sich aus den Interviews passende Ausschnitte heraus und sprechen Sie einen Text ein, der alles verbindet. In der so genannten Mehrspuransicht können Sie dann alle Blöcke zusammenfügen, Musik unterlegen und Spezialeffekte einfügen. Alles zu einer Datei abmischen, abspeichern, fertig. Als kostenlose Schnitt-Software empfehlen wir: www.audacity.de.

Veröffentlichung

Ihren Familienpodcast frei zugänglich machen können Sie im Internet. Dazu müssen Sie sich zunächst bei einem PodHost registieren. Dieser stellt Ihnen einen – bis zu einer bestimmten Dateimenge – meist kostenlosen Webspeicher zur Verfügung. Dorthin wird Ihr Podcast hochgeladen. Damit man ihn auch abrufen kann, müssen Sie Ihren Podcast nur noch bei einem Podcasting-Client (engl. podcatcher) anmelden und eine Art Blog erstellen (http://podspot.de/). Dann steht er online, Ihr Podcast, und man kann ihn entweder ganz herunterladen oder online anhören. Natürlich können Sie ihn auch auf CD brennen, um nicht auf das Internet angewiesen zu sein.

Somit haben Sie eine Art Vergangenheitsradio geschaffen, mit Stimmen und Geschichten aus Ihrer Familie, die für die Zukunft erhalten bleiben.

Bewegte Vergangenheit – Familiengeschichte als Film

Im Fernsehen kommt man nicht um sie herum – bildgewaltige Geschichtsdokumentationen, in denen die Vergangenheit aufwendig nachgestellt wird. In solchen Filmen stecken oft mehrere Monate Arbeit, tausende Euro an Produktionskosten und ein professionelles Team. Und trotzdem – auch Sie können Ihre Familiengeschichte als Film auf die Leinwand bringen. Nicht ganz so kostspielig und protzig, aber eben doch als echten Film. Wie könnte so etwas aussehen: Ihre Familiengeschichte mit Schauspielern nachzustellen, fällt vermutlich weg. Aber es gibt genug anderes Material, aus dem Sie einen Dokumentationsfilm zusammenstellen können. Da wären zum einen Fotografien und Bilder, die sich mit einem Scanner digitalisieren lassen und in einen Film einfügen lassen. Privatfotos, aber auch weiteres Bildmaterial aus Archiven und Zeitungen kommt hier in Frage. Vielleicht lassen sich auch Videoaufnahmen auftreiben. Die Wahrscheinlichkeit, dass Sie bei Verwandten zum Beispiel Filme von Hochzeiten, Geburtstagen und Reisen finden, ist ziemlich groß. Das ist willkommenes Material für Sie. Dann können Sie als drittes noch selbst zur Kamera greifen. In Zeitzeugeninterviews können Sie die Menschen selbst zu Wort kommen lassen. Gehen Sie mit Ihrer Kamera an Orte, die für Ihre Familie von Bedeutung sind. Interessant ist das besonders, wenn Sie alte Aufnahmen mit neuen vergleichen können.

Wie machen Sie daraus nun einen Film: Waren beim Blogging und Podcasting die Anfangshürden noch relativ niedrig, so könnte Ihr Einstieg ins Filmgeschäft etwas schwieriger und kostspieliger ausfallen. Technische Hilfe finden Sie bei Hobbyfilmer-Vereinen, die oft Kurse für Neulinge anbieten. Auch an Volkshochschulen gibt es mittlerweile Einführungen in Videoarbeit und Kameraführung. Wenn Sie bereit sind, etwas zu investieren, dann können Sie sich auch an einen professionellen Anbieter wenden, der Ihre Familiengeschichte in einen Film verwandelt.

Lesetipp:

Frank Sauerland,
Hollywood für Sparfüchse – Digitales Filmen,
Konstanz 2008.

So sparen Sie sich die Arbeit, müssen aber Geld auf den Tisch legen. Wenn Sie aber bereits Vorkenntnisse besitzen, dann wird es Zeit, mit zur Tat zu schreiten und ein Drehbuch zu schreiben. Mit einem Videoschnittprogramm können Sie dann Schritt für Schritt Ihren Familienfilm entstehen lassen. In den meisten Fällen wird er Dokumentationscharakter haben. Bilder und Filmsequenzen werden von Ihnen als Sprecher begleitet und erläutert.

Für den Schnitt können Sie die kostenlose Software Movie Maker von Windows nutzen. Eine schon semiprofessionelle Videosoftware ist Magix Video deluxe (www.magix.com), die Basisversion gibt es schon für unter 100 Euro.

Zuletzt stellt sich die Frage, wie Sie Ihren Familienfilm verbreiten. Ihn auf CD bzw. DVD zu brennen liegt nahe. Wie wäre es aber, ihn in Ihre Homepage oder Ihren Blog einzubinden? Dazu müssen Sie den Film erst auf eine der zahlreichen Videoplattformen (sevenload, youtube) hochladen. Das ist auch möglich, ohne dass die ganze Welt Zugriff darauf hat. Die Videoplattformen sind gut, um die riesigen Videodaten kostenlos zu hosten. Den jeweiligen Link eines Videos können Sie dann auch in Ihre eigene Website einbetten.

5. Kapitel:

Der letzte Schliff bei der Famlienforschung: Kreativen Input suchen

Ein Problem der Genealogie kann sein, dass Sie von den vielen trockenen Zahlen und Tabellen frustriert sind und das Bedürfnis haben, mehr über den Alltag Ihrer Ahnen zu erfahren. Für Ihre Schriftstellerei brauchen Sie kreative Funken – aber woraus schlagen Sie die? Grübeln Sie nicht endlos. **Unser Rezept ist: Raus aus dem Haus, lassen Sie sich inspirieren auf Exkursionen, denn Ahnenforschung vom eigenen Schreibtisch aus kann auch schnell zu »toten Enden« führen.**

Volkskundliche Museen, in Hamburg beispielsweise das Kiekeberg-Museum, widmen sich der Alltagskultur. Die Ausstellungen sind Türöffner in die Vergangenheit. Dort können Sie das Leben auf dem Lande

im 18. und 19. Jahrhundert schnuppern. Menschen von heute schlüpfen in die Kleider von damals, erleben die Welt ohne Strom, Zentralheizung und fließendes Wasser. Manchmal werden sogar Thementage zur früheren Handwerkskunst angeboten, so töpfern Besucher, üben Körbe zu flechten und lernen zu klöppeln und Brot zu backen. Für Kinder öffnet solch ein Besuch den Zugang zur Vergangenheit viel leichter als reines Erzählen. Ähnliche Museen sind das Schwäbische Bauernmuseum in Illerbeuren, das Fränkische Freilandmuseum Windsheim, das Bergische Freilichtmuseum Lindlar oder das Deutsche Bergbaumuseum in Bochum.

In Hamburg finden Sie ein Auswanderermuseum. Dort können Sie nachempfinden, wie die Auswanderung Ihrer Vorfahren sich abspielte. In Koffern stöbern, Fotos anschauen und bei der Gelegenheit gleich einmal die Mikrofiche-Listen nach Ihrem Familiennamen durchsehen. Überlegen Sie wieder einmal, was das Thema Ihrer Familiengeschichte ist. Ist es Flucht und Vertreibung? Sind Ihre Vorfahren nach dem Zweiten Weltkrieg in den Westen geflohen? Dann ist das Museum Notaufnahmelager Marienfelde in Berlin interessant. Es gibt zahlreiche weitere heimat- und kulturgeschichtliche Museen – alle sehr spannend, suchen Sie das Museum zu Ihrem Familienthema.

Ebenso kann ein **Flohmarktbesuch** den Blick für das Leben damals schärfen. In der Plattenkiste schlummern die Hits, zu denen Ihre Großeltern getanzt haben, in der Bücherkiste finden Sie die Kinderbücher über

Max und Moritz, Nesthäkchen und den Struwwelpeter. Ihre eigenen Kinder haben Sie vor solchen heute pädagogisch umstrittenen Kinderbüchern bewahrt, Ihre Eltern und Großeltern aber hielten genau diese Werke für kindgerecht. Probieren Sie es doch einmal aus: Wie reagieren Kinder heute darauf?

Vielleicht dürfen Sie Ihr Baby einmal in einen antiken Kinderwagen legen und ein Foto machen – so hätte er ausgesehen, Ihr Urgroßvater, als er um 1900 (mit einem Rüschenhäubchen auf dem Kopf) in Berlin Unter den Linden ausgefahren wurde. Wenn Ihr Sohn auch äußerlich nach der urgroßväterlichen Linie geraten ist, verwenden Sie das Bild zur Illustration des jeweiligen Kapitels Ihrer Chronik.

Wühlen Sie in einer Fotokiste und kaufen Sie ein Porträt, das Sie anspricht. Sie wissen nichts über den Menschen. Schreiben Sie trotzdem eine Seite über die dort abgebildete Person. Wie ein Detektiv ordnen Sie es historisch ein, versuchen aus Kleidung und Gesichtsausdruck einen Eindruck zu bekommen für den sozialen Status, die Persönlichkeit und den Anlass der Aufnahme. Das schärft den Blick für die Fotos Ihrer Familie, die Sie vielleicht schon zu häufig angeschaut haben, über die Sie schon von Verwandten so viele Geschichten gehört haben.

Wenn möglich, machen Sie eine Reise zu den Ahnen. Lassen Sie sich vor Ort anregen. Nicht im Archiv, sondern möglichst an einem Ort, den Sie noch nicht kennen, vielleicht das kleine Dorf, in dem die Großmutter geboren wurde. Dort setzen Sie sich ins Café am **Marktplatz** und beobachten einfach nur. Hier ist sie ganz sicher einmal gewesen, Ihre Großmutter, hat Obst und Gemüse gekauft, Nachbarn getroffen, Ehre erbietend vor der Obrigkeit den Hut gezogen und über die schwangere Magd vom Nachbarhof getuschelt.

Kirchen sind ein wunderbarer Ort, um eine meditative Reise zu unternehmen. Als Erinnerungsort sind Kirchen in vielen Familien sehr wichtige emotionale Räume. Setzen Sie sich in die Kirche, in der einer Ihrer Vorfahren getauft wurde. Schlüpfen Sie gedanklich in die Rolle der Familienangehörigen des Täuflings: Das wievielte Kind wurde da begrüßt, wie freudig war das Ereignis für die Eltern und Geschwister? Junge oder Mädchen – welche Rolle wurde dem Kind aufgebürdet? Welche Hoffnungen und Wünsche begleiteten den kleinen Erdenbürger damals, vielleicht im 18. Jahrhundert? Auch wenn Sie einfach nur schauen, können Sie sicher sein, ein Stückchen an Ihre Vorfahren heran zu rücken. Denn die saßen vor hunderten von Jahren schließlich auch dort, beobachteten die Kerzen, das Sonnenlicht in den Fenstern und lauschten der Orgel. In Kirchen hinterlässt die Zeit weniger Spuren als in den meisten anderen Gebäuden. Vom Taufbecken und seinem Relief können Sie eventuell mit Wachsmalstiften einen Abdruck nehmen, ob Fotografieren erlaubt ist, erfahren Sie vom Pastor. Sollten Sie einen Film über Ihre Familie planen, können Sie hier Orgelmusik aufnehmen, die authentischer nicht sein könnte.

Sollten Sie eine weite Anreise haben, erfragen Sie unbedingt vorher, ob die Kirche überhaupt außerhalb der Gottesdienste geöffnet ist, bzw. ob Sie den Schlüssel für einen Besuch bekommen können.

Kaufen Sie ein antiquarisches **Kochbuch**, vielleicht Henriette Davidis' »Praktisches Kochbuch, Zuverlässige und selbstgeprüfte Recepte der gewöhnlichen und feineren Küche. Practische Anweisung zur Bereitung von verschiedenartigen Speisen, kalten und warmen Getränken, Gelees, Gefrornem, Backwerken, sowie zum Einmachen und Trocknen von Früchten, mit besonderer Berücksichtigung der Anfängerinnen und angehenden Hausfrauen«, Erstauflage 1845, bis 1950 regelmäßig aktualisiert und neu aufgelegt. Fühlen und schmecken Sie sich in die kulinarische Alltagskultur Ihrer Ahnen, kochen Sie ein Rezept nach. Am besten etwas, das Sie sonst nie zubereiten würden, beispielsweise eingekochte Früchte. Oder ein Sonntagsbraten? Zur Hausschlachtung allerdings möchten wir Ihnen nicht raten.

Sie haben für Ihre Archivarbeit gelernt, **Sütterlin** zu lesen? Lernen und üben Sie auch das Schreiben in Sütterlin und verfassen Sie eine Postkarte aus dem Antiquariat, die Sie an die älteste lebende Verwandte (die Wahrscheinlichkeit, dass es sich um eine Frau handelt, ist sehr hoch) schicken. Was für eine Überraschung für Ihre Oma, von der Enkelin ein paar Zeilen zu bekommen, und dann noch in der Schrift ihrer Jugend!

Sie sind mit Ihren Forschungen schon im Mittelalter angekommen und dürfen nicht mehr auf weitere schriftliche Quellen hoffen? Vor- und Frühgeschichte interessiert Sie besonders? Einige Institute für Archäologie bieten Seminare für **Experimentelle Archäologie** an. Sie lernen, Bronze zu gießen und zu schmieden, Leder zu gerben und Feuer zu machen. »Living History« heißt der Trend in den USA. Seien auch Sie Bestandteil der lebendigen Geschichte.

Auch **Landschaften** können inspirieren und Poesie in Ihr Werk bringen. Inhalieren Sie die Landschaft, aus der sie kommen und fangen Sie sie mit einem Satz ein. So gelingt es David Gutersons Ich-Erzähler, gleich zu Beginn seiner Kurzgeschichte eine dichte Atmosphäre zu schaffen. »Ich bin in Wilkes, Rhode Island, aufgewachsen, wo das Licht im frühen Winter von den Wolkenrücken zu brechen und sich über dem Wasser von Teichen und Mühlbächen zu entzünden scheint.«[25]

Machen Sie eine **Wanderung** querfeldein: Erst in den vergangenen Jahren änderte sich die Verteilung so, dass die Mehrheit der Bevölkerung in der Stadt lebt, nicht mehr auf dem Lande. Kutschen gab es nur für Wohlhabende, das einfache Landvolk wanderte zu Fuß, ob zur Kirmes oder in die Kirche. Auch 20 Kilometer lange Strecken. Versuchen Sie es einmal! Eine Pilgerreise wie die Vorfahren zu machen, ist allerdings ein großes Unterfangen…

Manch ein professioneller Genealoge oder Historiker wird Sie für diese Art von »Erlebnis-Ahnenforschung« belächeln und einen seriösen Erkenntnisgewinn bezweifeln. Lächeln Sie zurück: Es gibt auch in der Geschichtswissenschaft und der Archäologie einen Trend zur praktischen »Anwendung« von Geschichte und zu neuen Wegen der Wissensvermittlung. Auch den Mut zu einem spekulativen Ansatz dürfen Sie sich zugute halten – Sie sind in guter Gesellschaft mit anderen Forschern.[26]

Auch Historikerin Heike Duisberg vom Kiekeberg-Museum bedauert, wie wenig über das Alltagsleben der Menschen auf dem Land überliefert ist. Gerätschaften und Kleidung, historisches Spielzeug und Bücher von damals gibt es jede Menge, aber »was jemand gefrühstückt hat, können wir kaum beantworten«, klagt sie. Trotzdem kann und will das Museum ein Bild vom Leben damals vermitteln. »So könnte es gewesen sein« ist der Ansatz, der die Wissenschaftler und ihr Publikum weiter führt. Die Museumspädagogen und Forscher konstruieren dann eine fiktive Familie, die sie auf der Grundlage ihrer Forschung für repräsentativ halten. Darüber gibt es immer wieder Diskussionen – wie echt und authentisch kann so eine Konstruktion sein, darf man mithilfe solcher »fiktiven Tatsachen« arbeiten? Aber Duisberg und ihre Kollegen sind davon überzeugt, dass der Nutzen die Risiken überwiegt. Wenn die Besucher sich einer historischen Person und dem Thema nahe fühlen, können sie sich besser auch den geschichtlichen Inhalten widmen. Das darf Sie ermutigen, sich auch einmal etwas abseits der ganz bodenständigen Methoden und Tatsachen aus Realität und Wissenschaft zu bewegen. Immerhin räumen

Sie mit Ihren Nachforschungen sicherlich mit einigen Familienmythen auf, beseitigen Leerstellen in der erinnerten Familienvergangenheit und arbeiten an einem realistischen und förderlichen Selbstbild der Familie.

Wenn Sie Spaß an kleinen Ahnenforschungs-Events und Experimenten haben, profitiert Ihre ernsthaftere Arbeit als Genealoge sicherlich davon.

6. Kapitel:

Wie Sie selbst ein guter Ahne werden – doing history im Alltag

Sie geben Ihre Gene weiter? Gut so! Sie werden als weltberühmter Komponist, als erfolgreicher Architekt oder Landschaftsgärtner der Nachwelt etwas Bleibendes hinterlassen – wunderbar! Die wenigsten von uns werden das schaffen. Sie aber können eine andere Lücke schließen. Was Ihre Ahnen vielleicht versäumt haben, nämlich die Normalität, um nicht zu sagen die Banalitäten des Alltags zu überliefern, können Sie besser machen. Spielen Sie das Spiel »Stille Post« in Ihrer Familiengeschichte weiter und fangen Sie an zu sammeln. Natürlich zu allererst die Dokumente, die Sie sowieso bis an Ihr Lebensende brauchen, Geburts- und Heiratsurkunden, Zeugnisse und Rentenunterlagen. Darüber hinaus widmen Sie sich all den Dingen, die in den Archiven nicht zu finden sind. Sammeln

H. Noack

Sie nicht nur, sondern kreieren Sie Dinge fürs Archiv – doing history heißt das Stichwort, das Sie schon aus den volkskundlichen Museen kennen.

Hinterlassen Sie etwas für die Nachwelt und arbeiten Sie an einem Familien-Gegenwartsarchiv. »Jetzt sind die guten alten Zeiten, nach denen wir uns in zehn Jahren zurücksehnen«, soll Peter Ustinov gesagt haben. Selektive Erinnerung hat zwei Seiten. Also versuchen Sie, nicht nur die Schokoladenseiten zu dokumentieren.

In Babybüchern finden Sie hübsche Ideen, die Meilensteine in der Entwicklung des ersten Jahres Ihrer Kinder zu dokumentieren: Vom ersten Foto über Löckchen, Fußabdruck, Taufspruch bis zum ersten »Mama«-Ausruf. Der Enthusiasmus der Eltern endet meist mit dem ersten Lebensjahr, danach werden dann oft nur noch Geburtstags- und Urlaubsbilder geschossen. Aber was ist mit den Eltern in dieser prägenden, unvergesslichen Zeit?

Schauen Sie einmal das Bilderbuch »Die Puppenköchin Anna« mit Ihren Kindern an. So wurden damals kleine Mädchen auf ihren späteren Beruf als Hausfrau vorbereitet. Aber auch heute lieben viele Kinder es, kochen zu spielen. Und viele **Lieblingsgerichte** schmeckten auch schon ihren Vorfahren. Gibt es Traditionsgerichte, die an Feiertagen aufgetischt werden? Greifen Sie sie auf, wandeln Sie sie ab. Sammeln Sie die Rezepte, die Ihren Kindern schmecken. Schreiben Sie sie auf, laden Sie Ihre Liebsten zum Drei-Gänge-Menü und fotografieren Sie sich dabei, wie die Familie gemeinsam mit Nachbarn und Freunden in der Küche werkelt. Und genießen Sie doppelt: Einen kulinarischen Spaßtag und danach die Arbeit an einer kleinen Dokumentation: Welche Fragen werden die Menschen in 100 Jahren haben, die Ihre Fotos mit den Rezepten in den Händen halten? Beantworten Sie sie heute!

Oder schreiben Sie ab und an Briefe an die Ahnen, in denen Sie momentane Gefühle, Ihren Alltag usw. beschreiben. Wenn Sie das auch nur alle paare Jahre wiederholen, haben Sie am Lebensende (keine Angst, es wird großartig sein!) bereits ausreichend Stoff zusammengetragen.

Wenn Sie **Archivreisen** oder sonstige Wege in die Vergangenheit unternehmen, dokumentieren Sie auch die für Ihre Nachfahren. Manuel Andrack, der frühere Mitarbeiter von dem Entertainer Harald Schmidt, hat ein amüsantes Buch über die Suche nach seinen Vorfahren und seine Familiengeschichte geschrieben: Von wem habe ich das bloß? Auf den Spuren der Ahnen. Eine Gebrauchsanweisung, so der Titel.[27] Er lässt auch nicht einmal aus, die Gäste der Bahnhofskneipe auf dem Weg ins Archiv zu beschreiben und überliefert seinen Nachfahren so nicht nur die blanken Fakten, sondern auch Unterhaltsames zu seinem Weg zu den Vorgängern. Denn selbst wenn Ihre Kinder sich nicht so sehr für Ihr neues Hobby interessieren, spätere Nachfolger werden es bestimmt exotisch und spannend finden, was Sie unterwegs erlebt haben. Die (im Zeitalter des Internet-Tickets altmodische) Fahrkarte mit Stempelabdruck des Schaffners, eine Tageszeitung, Stadtplan und ein paar Postkarten von Ihrem Zielort, Visitenkarten von Hotel und Restaurant. Machen Sie ein Foto von sich selbst vor dem Archiv!

Besondere Lebenslagen

Als Schwangere führte Ninas Großmutter Tagebuch. Nachdem die Oma gestorben war, fand ihr Sohn das kleine Büchlein über die Wochen und Monate vor seiner Geburt im Nachlass. Und als seine eigene Tochter schwanger war, reichte er ihr es weiter. Für Nina eine besondere Erfahrung. Der ganze Geburtsvorbereitungskurs war neidisch, als sie davon erzählte.

Selbst schrieb sie dann auch auf, was sie bewegte, während sie in anderen Umständen war, und natürlich hat sie auch jede Menge Fotos gemacht. Ihre Tochter wird sich eines Tages bestimmt dafür interessieren und gerührt über die lustigen Vornamen schmunzeln, die ihre Mutter damals in die engere Auswahl zog.

Gesellschaftsspiel Familienalltag

Ihre Meinung zu aktuellen Ereignissen ist so flüchtig, dass sie unbedingt punktuell festgehalten werden sollte. Was heute in der Nachrichtensendung wichtig ist, werden Sie in ein paar Jahren vergessen haben – leider, werden Ihre Nachfahren sagen. Im Staatsarchiv Hamburg sammelt ein Mitarbeiter seit Jahrzehnten

Speisekarten von Hamburger Restaurants. Von vielen Kollegen belächelt, ist er der festen Überzeugung, diese vergängliche Quelle zur Gastronomiegeschichte der Hansestadt dokumentieren zu müssen. Recht hat er, denn genau diese Sammlung wird in Zukunft, in vielen, vielen Jahren, einen Historiker in Verzückung versetzen: Mit genau dieser Quelle kann ein wichtiges Kapitel Geschichte illustriert werden. Legen Sie einen kleinen Schatz an – den Schatz an Erfahrungen, Erlebnissen, Haltungen und 1.000 Kleinigkeiten, den Ihr Alltag ausmacht. Ihr Leben, immerhin. Natürlich gibt es zahllose weitere Möglichkeiten. Wir können Ihnen hier nur ein paar Anregungen geben, die Sie je nach Alter Ihrer Kinder abwandeln können. Versuchen Sie, sich in die Perspektive Ihrer Nachfahren hinein zu versetzen: Was werden Ihre Ur-, Ur-Urenkel einmal für Fragen an das Leben ihrer Ahnen haben?

Kommentieren Sie als Familie die politische Landschaft. Filmen Sie Ihre Lieben auf dem Sofa, wenn um 18 Uhr die erste Hochrechnung einer Wahl gesendet wird. Großereignisse, also die Zeitgeschichte, Bundestagswahlen, deren Ergebnis Sie aufregt, verdienen ein eigenes Kapitel. Die Heimniederlage seines Fußballvereins in den Augen Ihres ältesten Sohnes bestimmt auch! Und auch das Wetter und seine Kapriolen sind ein schönes Thema, um Ihren Nachfahren aus dem Alltag als Familie zu berichten. Sollte in der Schule der Aufsatz mit dem Thema »Mein schönstes Ferienerlebnis« geschrieben werden – ab ins Archiv damit! Machen Sie daraus ein **Gesellschaftsspiel** für die ganze Familie und alle, die dazugehören: Kaufen Sie Blanko-Spielkarten, die Sie beschriften, und eine Mappe mit vielen, vielen Fächern, z. B. von Manufaktum. Setzen Sie sich zu festgelegten Terminen zweimal im Jahr mit Ihren Freunden zusammen und spielen Sie Archivar der Gegenwart: Zelebrieren Sie einen Ahnen-Nachmittag, denken Sie sich Ihre Nachfahren mit an den Tisch zum Kaffeeklatsch und beantworten Sie deren Fragen. Die Karten beschriften Sie mit kleinen Aufgaben, die sofort gelöst werden können und größeren, also solchen, die ein bisschen mehr Arbeit machen und bis zum nächsten Treffen erledigt werden müssen. Schreiben Sie die Antworten direkt auf die Karten. Kinder malen oder diktieren ihren Eltern Vorschläge für die ad-hoc-Fragen Ihrer Nachfahren:

Allgemeines und Historisches, vielleicht zum Aufwärmen

- *Mit welchem historischen Fahrzeug würde ich gern einmal fahren, fliegen, schwimmen?*
- *Wie heißt die Großmutter meines rechten/linken Nachbars und wie war sie, in drei Stichworten?*
- *Was haben wir eigentlich heute vor genau einem Jahr gemacht?*
- *Trivial Pursuit-Fragen zum Thema Geschichte stellen*

Persönliches

- *Wann bist du aufgestanden, wer hat dich geweckt? Wie sah dein Gesicht heute Morgen aus?*

- *Was hast Du heute gefrühstückt? Wie hat es geschmeckt?*
- *Ein Satz zum Wetter heute.*
- *Was machen wir am Wochenende?*
- *Meine Lieblingsfernsehsendung/Schauspieler/Spiel/Buch*
- *Mit welchem Prominenten ich einen Tag lang tauschen möchte*

Reihum werden die Karten gezogen und die Aufgaben ganz spontan gelöst. Wer keine Lust hat zu schreiben, darf zeichnen oder wird gefilmt, wenn er eine Antwort gibt.

Zuerst allerdings lesen Sie die längeren Texte vor, die als »Hausaufgabe« vom letzten Treffen gelöst werden mussten. Kritische, kreative, konstruktive Kommentare der Mitspieler sind willkommen! Ehrlichkeit sticht Originalität!

Längere Antworttexte:
- *Wenn ich einen Tag lang König wäre…*
- *Meinen nächsten Urlaub möchte ich verbringen in…*
- *Wenn ich mir einen Beruf aussuchen könnte…*
- *Warum wir hier wohnen…*
- *Wenn ich eine Million Euro im Lotto gewinne…*
- *Meine Playlist für die nächste Geburtstagsparty/das Candle-Light-Diner,*

Gemeinsame Aktionen
- *Wir schauen den neuen Blockbuster und erzählen*

unseren Nachfahren darüber, kleben die Kinotickets dazu

- *Wahlpropaganda an den Ständen der Parteien einsammeln und in eine Hülle abheften, gern auch mit Klebezetteln kommentieren*
- *Ein paar Speisekarten von den Lieblingsrestaurants einsammeln und die Favoriten markieren*
- *Eine Tageszeitung aufbewahren und abheften, kurzer Kommentar zum Aufmacher und zum Horoskop*
- *Wir blättern eine Modezeitschrift durch und suchen die schönsten Damen und Herren aus. Jeder sucht sich einen Stellvertreter vom Laufsteg und wir kleben sie zu einer Collage zusammen. Die Neigung der Kinder zu extremen Glitzer-Outfits holt sie schon in ein paar Jahren wieder ein.*

Natürlich können wir auch multimedial arbeiten und mp3-Files von unseren Weihnachtsliedern archivieren. Für die »Nachgänger« sicher ein großer Spaß! Möglich ist auch, diese Aufnahmen im Internet online zu stellen – denken Sie an das Vergangenheitsradio, das wir vorgestellt haben. Filmaufnahmen sind besonders wertvoll. Lassen Sie sich nicht durch die ewigen Debatten verunsichern, welche digitalen Formate überhaupt Zukunft haben werden. Wenn Sie mit weit verbreiteten Aufnahmegeräten arbeiten und gängige Datenformate verwenden, werden Ihre Nachfahren wenige Probleme haben, die Sachen konvertiert zu bekommen und Sie auch noch in 100 Jahren beim Frühstück oder beim Kaninchenfüttern beobachten können.

Das kommt Ihnen belanglos vor? Ja, das Leben besteht zu einem großen Teil aus solchen Nebensächlichkeiten, oder wie es Helmut Schmidt nannte: Das Leben ist der Alltag. Also keine Angst vor Selbstverständlichkeiten. In einigen Fragen (s. o.) geht es um Ihren Alltag, in anderen um Ihre ganz persönlichen Wünsche und Träume. Für die Archive wären solche Sammlungen ein großer Gewinn. Gut dokumentiert sind ja oft die Lebensgeschichten der ganz »großen Menschen« und ihrer bedeutenden Taten, sei es in Politik oder Wirtschaft, Sport oder Kultur. Wie allerdings Menschen aus der Unter- und Mittelschicht ihr Leben reflektieren, ist leider weniger präsent. Oberarchivrat Klaus-Joachim Lorenzen-Schmidt vom Hamburger Staatsarchiv wünscht sich mehr Aufzeichnungen über den »ganz normalen Alltag von ganz normalen Menschen, über Bettgeschichten und Leibspeisen«. In Kürze nämlich sind es genau diese Details, die kaum zu erschließen sind. Stadtarchive sind der richtige Ort, um solche Schätze zu deponieren, sollten Sie Ihre »Ahnentruhe« nicht innerhalb der nachfolgenden Reihe Ihrer Lieben weiter geben können – oder wollen.

Über die Jahre sammeln Sie entzückende Werke Ihrer Kinder, amüsante Offenbarungen Ihres Gatten und füllen eine wahre Schatzkiste, die über die üblichen Fotosammlungen deutlich hinaus geht.

7. Kapitel:

Fazit: Vergessen Sie nicht, zu vergessen!

»Das Vergangene ist nicht tot; es ist nicht einmal vergangen. Wir trennen es von uns ab und stellen uns fremd.« Mit diesem Satz beginnt Christa Wolf in ihrem Roman »Kindheitsmuster«. Die Fremdheit aufzubrechen, ist Ziel Ihrer Arbeit mit Ihren Vorfahren und diesem Buch. Viele Seiten der Ahnenforschung liegen nun hinter Ihnen. Wenn Sie mithilfe der Stamm- und Ahnentafeln wenigstens den groben Überblick gewahrt haben, gilt das vielleicht weniger für Ihre Gefühlswelt: Geschichten und Gestalten drängen sich in Ihr Leben, mehr als Ihnen lieb ist?

Unsere Erfahrung ist, dass Ordnung auf dem Papier eine Heilkraft hat, die sich auch im Kopf entfaltet: Das Aufschreiben, Sortieren, Einordnen erleichtert das Besprechen, Bedenken und Verarbeiten ungemein.

In fast jeder Familie gibt es Schurken und Verlierer. Auch in Ihrer Familie werden Sie negative Charaktere und Neigungen gefunden haben, auch wenn es sich nicht um Kapitalverbrecher oder veritable Flüche historischen Ausmaßes handelt. Erinnern Sie sich an den Umgang unserer Ahnen mit ihren Verstorbenen: Im Mittelalter pfählte man die Toten, damit sie nicht als Untote und Wiedergänger die Lebenden belasteten. Mitten durchs Herz. Daran wollen Sie nicht einmal denken! Dann ab ins Archiv mit den unerwünschten Ahnen! Symbolisch abgeheftet und zwischen Aktendeckeln abgelegt sollen sie verstauben. Und auch Sie sollten lernen zu vergessen. Sie finden das paradox? Amnesie den unguten Teilen der eigenen Vergangenheit gegenüber ist eine gesunde Reaktion auf unverhoffte Erkenntnisse.

Vergessen, das weiß die Forschung, die sich mit dem Langzeitgedächtnis beschäftigt, ist weniger ein Problem ausreichender Kapazitäten als vielmehr Schutz vor zuviel Wissen. Nüchtern könnten Sie auch ausrechnen, dass das Blut eines ungeliebten Großvaters nur noch einem Viertel Ihrer Person schaden könnte. Und dass viele, viele andere Menschen Ihrer Familie einen größeren Einfluss auf Ihr Leben ausüben.

Schön wäre es, Sie könnten die bösen Figuren mit Humor bekämpfen: Ein Urgroßvater, der Heiratsschwindler war, sichert Ihnen bei langweiligen Bahnfahrten die volle Aufmerksamkeit Ihrer Mitreisenden. Zugegeben, mit einem KZ-Aufseher als Großvater ist es schwieriger.

Fazit: Vergessen Sie nicht, zu vergessen!

Aus der Gedächtnisforschung wissen wir, dass Erinnerungen überschrieben werden können. Nur was wir ewig gleich erzählen und memorieren, bleibt erhalten. Was im Gespräch mit anderen gewissermaßen neu erlebt wird, kann neu gespeichert werden und damit alte Versionen der Erinnerung langfristig überschreiben und auslöschen. Die Forschung spricht von einem »Wandlungskontinuum«, in dem das autobiografische Gedächtnis zeitlebens begriffen ist.[28] Das Schlechte daran ist, dass vieles verloren geht, was nicht häufig genug abgerufen und erneuert wurde. Positiv gewendet allerdings heißt das auch, Sie können Erinnerungen neu modellieren und verändern. Das sind keine Fälschungen, sondern neue Versionen der alten Geschichte, eine ganz normale Form der Arbeit Ihres Gedächtnisses.

Denn die Erinnerung lebt, das Gedächtnis ist kein Topf, der sich im Laufe des Lebens füllt, sondern eher ein Herd, auf dem ständig gearbeitet wird. Um in diesem Bilde zu bleiben: Nicht alle Zutaten, die im Topf landen, sind genießbar, passen zusammen und tun Ihnen gut. Und sind Sie sicher, dass nur Sie selbst als Koch dort am Herd stehen? Traumaforscherin Angela Kühner plädiert für ein reflexives Erinnern: Wer erinnert wann an wessen Trauma – und warum? Wessen Trauma wird erinnert, wessen nicht?[29] Tatsächlich gibt es Therapeuten, die sich mit den Spätfolgen von familiären Traumata beschäftigen und ihren Klienten bei der Bewältigung helfen.

Wenn Sie das Gefühl haben, die Erkenntnisse mit den Ahnen belasten Sie zu sehr, könnten Sie sich an systemische Familientherapeuten wenden. Diese Psychologen arbeiten mit Genogrammen und widmen sich den Verwerfungen der Psyche, die durch die Vorfahren verursacht werden – generationenübergreifend, denn viele Generationen weit reicht die Macht der Ahnen.

Aber gehen wir vom Positiven aus: Sicherlich überwiegen die erfreulichen Erkenntnisse über Ihre Ahnen – waren Landbesitzer, Bürgermeister, Helden darunter? Auch Ihre Familie hat sich hoffentlich mit Ihrem Forschergeist infiziert und unterstützt Ihr neues Hobby. Schließlich ist es ein Hobby für die ganze Familie. Und ein Ende hat die Reise in die Geschichte lang nicht. Unendlich viele Spuren können Sie verfolgen, Reisen zu Archiven und entfernten Verwandten unternehmen. Jeder neu erstellte Stammbaum wird immer nur eine Art Zwischenbericht sein, der wieder neue Fragen aufwirft. Die Geschichte ist überall, sie steckt auch Ihnen in den Knochen und lauert an jeder Ecke mit neuen Fragen. So wie Sie selbst und Ihr Leben sich verändern, werden Sie auch die Vergangenheit immer neu erleben – Spannung bleibt garantiert!

Anhang

Bibliografie: Historische Familienforschung

Adamaszek, Rainer, Familien-Biographik. Therapeutische Entschlüsselung und Wandlung von Schicksalsbindungen, Heidelberg 2001.

Allkemper, Alo/ Eke, Norbert Otto (Hg.), Das Gedächtnis der Literatur. Konstitutionsformen des Vergangenen in der Literatur des 20. Jahrhunderts, Berlin 2006.

Assmann, Jan, Das kulturelle Gedächtnis. Schrift, Erinnerung und politische Identität in frühen Hochkulturen, München 1992.

Badelt, Christoph/ Pflegerl, Johannes (Hg.), Beziehungen zwischen Generationen. Ergebnisse der wissenschaftlichen Tagung der ÖGIF im November 1995 in Linz, Wien 1997.

Barrington, Judith, Erinnerungen und Autobiografie schreiben, Berlin 2002.

Berthold, Erika/ Käsgen, Rainer/ Ott–Hackmann, Harald, So sollst du sein. Wie Familiengeschichten die Persönlichkeit prägen, Hamburg 1999.

Bradshaw, John, Familiengeheimnisse. Warum es sich lohnt, ihnen auf die Spur zu kommen, München 1999.

Csikszentmihalyi, Mihaly/ Rochberg-Halton, Eugene, Der Sinn der Dinge das Selbst und die Symbole des Wohnbereichs, München u. a. 1989.

Döring, Dorothee, Familiengeheimnisse und Tabus. Wie Sie sich Ihrer Vergangenheit stellen können, München 2009.

Drake, Michael (Hg.), Time, Family and Community. Perspectives on Family and Community History, Oxford 1994.

Ecarius, Jutta, Handbuch Familie, Wiesbaden 2007.

Ehmer, Josef/ Hareven, Tamara K./ Wall, Richard (Hg.), Historische Familienforschung. Ergebnisse und Kontroversen, Frankfurt/ Main 1997.

Ell, Renate, Ahnenforschung auf den Spuren der Vorfahren, Wetterau 2007.

Ellmann-Küger, Angelika/ Ellmann, Dietrich, Bibliographie zur deutsch-jüdischen Familienforschung und zur neueren Regional- und Lokalgeschichte der Juden, Wiesbaden 2006.

Erll, Astrid, Kollektives Gedächtnis und Erinnerungskulturen. Eine Einführung, Stuttgart 2005.

Garber, Klaus, Handbuch des personalen Gelegenheitsschrifttums in europäischen Bibliotheken und Archiven, Hildesheim 2001.

Haubrichs, Wolfgang (Hg.), Genealogische Diskurse. Zeitschrift für Literaturwissenschaft und Linguistik 147, Stuttgart 2007.

Heidbrink, Ludger (Hg.), Das Ende der Bescheidenheit. Zur Verbesserung der Geistes- und Kulturwissenschaften, München 2007.

Henning, Eckart/ Ribbe, Wolfgang/ Wecken, Friedrich, Taschenbuch für Familiengeschichtsforschung, Neustadt an der Aisch 2001.

Horst, Wilhelm van der, Meine Familiengeschichte. Der praktische Ratgeber zur Ahnenforschung, Freiburg im Breisgau 2003.

Ivo, Helmut, Familienforschung leicht gemacht. Anleitungen, Methoden, Tipps, München u. a. 2006.

Jureit, Ulrike/ Schneider, Christian, Gefühlte Opfer. Illusionen der Vergangenheitsbewältigung, Stuttgart 2010.

Klapisch-Zuber, Christiane/ Baqué, Egbert, Stammbäume. Eine illustrierte Geschichte der Ahnenkunde, München 2004.

Knobloch, Heinz, Meine liebste Mathilde. Geschichte zum Berühren, Berlin 1997.

Küsters, Ivonne, Narrative Interviews. Grundlagen und Anwendungen, Wiesbaden 2006.

McGoldrick, Monica, Wieder Heimkommen. Auf Spurensuche in Familiengeschichten. Genogrammarbeit und Mehrgenerationen-Perspektive in der Familientherapie, Heidelberg, 2. Aufl. 2007.

Meier, Frank, Mit Kind und Kegel. Kindheit und Familie im Wandel der Geschichte, Ostfildern 2006.

Miller, Robert L., Researching Life Stories and Family Histories (Introducing Qualitative Methods), London 2000.

Mitterauer, Michael, Historisch-anthropologische Familienforschung. Fragestellungen und Zugangsweisen, Wien 1990.

ders./ Sieder, Reinhard, Historische Familienforschung, Frankfurt/ Main 1982.

Neitzel, Sönke/ Welzer, Harald. Soldaten. Protokolle vom Kämpfen, Töten und Sterben, Frankfurt/ Main 2011.

Niethammer, Lutz/ Trapp, Werner, Lebenserfahrung und kollektives Gedächtnis. Die Praxis der Oral History, Frankfurt/ Main 1980.

Saar, Martin, Genealogie als Kritik. Geschichte und Theorie des Subjekts nach Nietzsche und Foucault, Frankfurt/ Main 2007.

Schlör, Joachim, Mesussot entfernen - Türschilder entfernen. Die Emigration der Gegenstände von Deutschland nach Palästina, in: Schmale, Wolfgang/ Steer, Martina (Hg.), Kulturtransfer in der jüdischen Geschichte, Frankfurt/ Main 2006, S. 153-172.

Schützenberger, Anne Ancelin, Oh, meine Ahnen! Wie das Leben unserer Vorfahren in uns wiederkehrt, Heidelberg 2005.

Weber-Kellermann, Ingeborg, Die deutsche Familie. Versuch einer Sozialgeschichte, Frankfurt/ Main 1974.

Weigel, Sigrid, Genea-Logik. Generation, Tradition und Evolution zwischen Kultur- und Naturwissenschaften, München 2006.

dies., Genealogie und Genetik. Schnittstellen zwischen Biologie und Kulturgeschichte, Berlin 2002.

Welzer, Harald, Das kommunikative Gedächtnis. Eine Theorie der Erinnerung, München 2002.

ders., Das soziale Gedächtnis. Geschichte, Erinnerung, Tradierung, Hamburg 2001.

ders., Das Gedächtnis der Bilder. Ästhetik und Nationalsozialismus, Tübingen 1995.

Anmerkungen

1 Schlink, Bernhard, Der Vorleser. Zürich 1995, S. 206.
2 Siehe: Schwerdt, Wolfgang, Vampire, Wiedergänger und Untote. Auf der Spur der lebenden Toten, Berlin 2011.
3 Siehe: Smolny, Conny, Komm, sanfter Tod, des Schlafes Bruder. Eine Kulturgeschichte des Todes, Berlin 2010.
4 Liefers, Jan Josef, Soundtrack meiner Kindheit. Reinbek bei Hamburg 2009, S. 87.
5 Markowitsch, Hans–Joachim, Dem Gedächtnis auf der Spur. Vom Erinnern und Vergessen, Darmstadt 2002, S. 30f.
6 Markowitsch, S. 31, nennt als wichtigste Quellen dieses intellektuellen Gedächtnis-Fitnesstrainings Aristoteles, De momoria et reminiscentia; Cicero, De inventionen, De oratore; Quintilian, Institutio oratoria; Augustinus, Concessiones, Capella, De nuptiis mercurii et philologiae; Alkuin, De rhetorica et de virtutibus; Thomas von Aquin, Summa thologica.
7 Enzensberger, Ulrich, Parasiten. Ein Sachbuch. Frankfurt/ Main 2001, S. 221ff. Zitiert aus Zola und Briefen.
8 Schützenberger, Anne Acelin. Oh meine Ahnen! Wie das Leben unserer Vorfahren in uns wiederkehrt, Heidelberg 2002, S. 41.
9 http://www.hamburg.de/staatsarchiv/.
10 https://www.familysearch.org/.
11 Welzer, Harald, Opa war kein Nazi. Frankfurt/ Main 2002.
12 Ebd.
13 Glocke, Nicole, Stiller, Edina, Verratene Kinder – Zwei Lebensgeschichten aus dem geteilten Deutschland, Berlin 2003.
14 Schützenberger, Ahnen, S. 35ff.
15 Vgl. z.B.: Kogan, Ilany, Der stumme Schrei der Kinder. Die zweite Generation der Holocaust-Opfer, Gießen 2009.
16 Schützenberger, Ahnen, S. 14.
17 Ebd., S. 53.
18 Ebd., S. 69.
19 Zur Theatralik unseres Verhaltens siehe: Goffman, Erving, Wir alle spielen Theater. Die Selbstdarstellung im Alltag, München 2003.
20 Kocka, Geschichte, in Studienbuch, S. 15.
21 Hoffmann-Riem, Christa, Das adoptierte Kind. Familienleben in doppelter Elternschaft, München 1989. Dieses Buch gilt als eines der Standardbücher zur Oral History-Methode.

22 Zu Kirchenbüchern gibt einen sehr guten ersten Überblick: Drese, Volkmar, Kirchenbücher, in: Ribbe, Wolfgang/ Henning, Eckart (Hg.), Taschenbuch für Familiengeschichtsforschung, Neustadt 1980, S. 79-92. Darin auch weiterführende Literatur, u.a. eine Auflistung gedruckter Kirchenbuchverzeichnisse.

23 http://www.bstu.bund.de.

24 Meier, Frank, Mit Kind und Kegel. Kindheit und Familie im Wandel der Geschichte. Ostfildern 2006, S. 101.

25 Guterson, David, Das Land vor uns, das Land hinter uns. Berlin 1999, S. 123.

26 Hardtwig, Wolfgang/ Schug, Alexander (Hg.), History Sells! Angewandte Geschichte als Wissenschaft und Markt, Stuttgart 2009; Hardtwig, Wolfgang, Verlust der Geschichte – oder wie unterhaltsam ist die Vergangenheit? Berlin 2010.

27 Andrack, Manuel, Von wem habe ich das bloß? Auf den Spuren der Ahnen. Eine Gebrauchsanweisung, Köln 2008.

28 Markowitsch, Hans J./ Welzer, Harald, Das autobiographische Gedächtnis. Hirnorganische Grundlagen und biosoziale Entwicklung, Stuttgart 2005, S.215ff.

29 Kühner, Angela, Trauma und kollektives Gedächtnis, Gießen 2008, S. 286.

Abbildungsverzeichnis

alle Abbildungen aus dem Archiv des Vergangenheitsverlags, außer:
Dr. Silke Wiegand-Grefe: S. 51
Dr. Usha Peters: S. 70
Andrea Bentschneider: S. 119
Bildarchiv Preußischer Kulturbesitz: S. 130, S. 134
Dr. Satuila Stierlein: S. 146
Judith Barrington: S. 165
Sewoma/Sebastian Wolff-Marting, Fotograf: Adrian Börner: S. 179

ERINNERUNGEN FÜR
DIE GANZE FAMILIE.
Aktions-Code
»FAMILIENCHRONIK«
bei der nächsten
Bestellung angeben
und 5 EURO
sparen.